センスがいいとほめられる

インテリアのルール

成美堂出版

はじめに

洋服は多くの人が小さいころから何度も繰り返し選び、
購入し、そして実際に着るという経験をしてきました。
センスのあるなしに差はあっても、
経験値はみな、それなりに高いのです。
では、家具やカーテンなどはいかがでしょう？
何度も何度も買ったことがあるという人は多くはないでしょう。
雑誌や本をちょくちょく買って勉強している人は、
インテリア好きの一部の人。ずばり趣味の一環です。

とはいえ、新生活を始めるとなったら、
私たちは家具を買い、カーテンを買い、
部屋のしつらえを整えなければなりません。
突然、〃インテリア〃に直面することになり、
それを長く、下手すると一生、使うことになるのです。

インテリアは、長年、私たち日本人にとって、
なじみのあるものではありませんでした。
家具やカーテンは、ただ住まうための道具にしか過ぎなかったのです。
戦後、日本人の暮らし方は大きく変わり、
欧米の人たちのように親や祖父母から引き継ぐ
伝統的なインテリアの文化がないというのが
その一因といえるかもしれません。
和洋折衷があたりまえとなっていることもあるでしょう。

でも、見方を変えれば、日本の〝インテリア〟は、
発展途上であり、選択肢が多様ということ。
だれもが目指す正しい形がないからこそ、さまざまな暮らし方ができるのです。

どんな形であれ、心地よく、
そして、センスよく暮らしたいとは多くの人が願うこと。
そのためには、いくつかのルールがあるのです。
そんなルールをこの本では集めました。
まずは、好きなスタイルを見つけて、イメージを膨らませ、
あとはルールに沿ってすすんでいけば、大丈夫。

あなたの住まいのインテリアは、
きっと進化して、センスがいいとほめられるはず！

目次

スタイル別インテリアのルール

おしゃれな部屋に住みたいと思っている人は多いことでしょう。
そのためには、つくりたい空間のイメージを持つことが大切です。
まずは、人気の8つのスタイルのなかから好みを見つけてください。
そして、そのスタイルのキーアイテムをひとつずつ理解し、取り入れて。
そうすることで、理想のスタイルの空間が近づいてきます！

スタイルって何？

インテリアでスタイルといったとき、
〝様式〟のことを指します。
とはいえ、この本でいうスタイルは、
学術的な難しいものではなく、
その空間が持つ特徴や雰囲気を、一言で表すための言葉です。

まず、自分の好きなスタイルを見つけましょう。
暮らしたい住まいのイメージを明確にするためのひとつの手法です。
突然スタイルといわれても、分からない人も多いでしょう。
これから紹介する8つのスタイルのなかから、
自分が好きだなと感じるものを探すだけで構いません。

目指すイメージがないままに、部屋づくりをすすめていくと、
ちぐはぐなインテリアができ上がってしまいます。
とくに、情報過多な日本社会。
あたかも流行のように、さまざまなインテリアのスタイルが紹介されています。
でも、洋服のように数年で家具を入れ替えていけるわけではありません。
流行にのる前のベースづくりとして、
目指すスタイルは決めておいたほうがいいのです。

目指すスタイルが見つかったら、
少しずつキーアイテムを揃え、スタイルをつくり上げていきましょう。
もちろん、ここで取り上げたスタイルのとらえ方は人それぞれ。
キーアイテムもあくまでも一例ですが、十分に参考になるはずです。

そして、最終的には、
自分らしいキーアイテムをプラスして、
自分らしい、自分たちの家族らしいひとつの住まいを完成させる、
それがスタイルづくりの目的です。

キーアイテムで分かる

シンプル&ナチュラルstyleのルール

［木の質感］

このスタイルを実現するためには、木の質感を意識することが大切。家具や雑貨に、木独特のぬくもりや木目をそのまま感じられるものを選ぶといいでしょう。メープル、タモ、パイン、ナラなど明るい色調の樹種（ナチュラル色）が好まれる傾向にあります。無垢の木製フローリングにすると、なお◎。

パイン材の椅子はナチュラルなイメージづくりに一役買ってくれます。（写真提供：モモナチュラル）

手がよくふれるテーブルからは木の肌合いが伝わってきます。この写真のテーブルは天板にタモ集成材を使用。

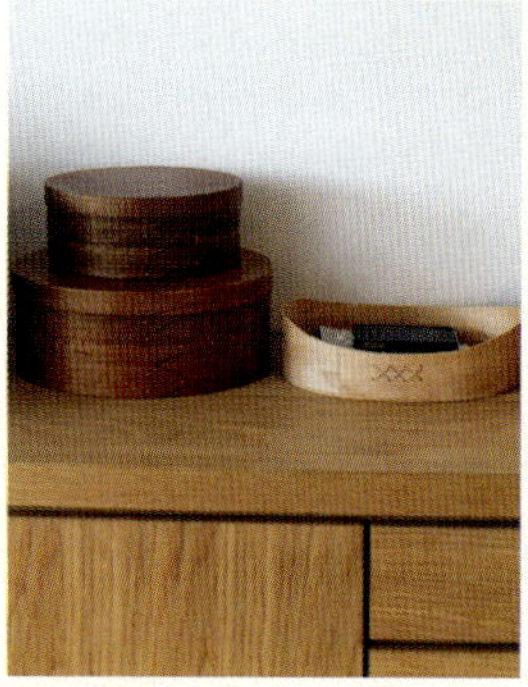

雑貨や収納ボックスに木製のものを選ぶと、ナチュラル感がアップ。濃い色の樹種をプラスするとアクセントに。

飾りけがなく簡素という意味のシンプル。自然のままという意味でのナチュラル。この2つの言葉が組み合わされたこのスタイルは、従来からある学問的なインテリアの様式にはあてはまらないスタイルです。でも〝すっきりかつ、自然素材がもたらす温かみを感じる〟、そんなインテリアを自然発生的にこう呼ぶことが多くなってきました。

ものがごちゃごちゃしておらず、すっきりしている状態は多くの人が目指すこと。また、自然に対して居心地のよさを感じるのも万人の共通認識です。その2つの組み合わせであり、個性が強くないこともあって、ここ10年ほどの間に1スタイルとして人気を博し、定着してきました。

すっきりさを強調できる白色と自然を表現するナチュラル色（明るい木部の色、白木色）がベースとなることが多く、明るく、さわやかで若々しい印象をつくり出します。プラスされるアイテムとしては、木の質感を感じさせる家具や雑貨、自然素材であるリネン（麻）やコットン（綿）、枝や樹皮、つるなどを編んだかごが代表的。厳選して、見せるものを少なくするのもこのスタイルの特徴です。

白色の木製ブラインドを選択することで、白壁の面積が広がったような印象になり、よりシンプルですっきりした空間に見えます。

白い壁

白色はシンプルを象徴してくれる色。大きな面を占める壁に白を採用することで、シンプルかつ清潔感のある空間をつくり出すことができます。このスタイルが好きな人は、あえて壁に飾るものを控え、〝白〞を生かして、シンプルさを強調する傾向も。同じ白でも質感を感じられるしっくいなど自然素材の壁を選ぶとナチュラル度がアップ。

白い家具&雑貨

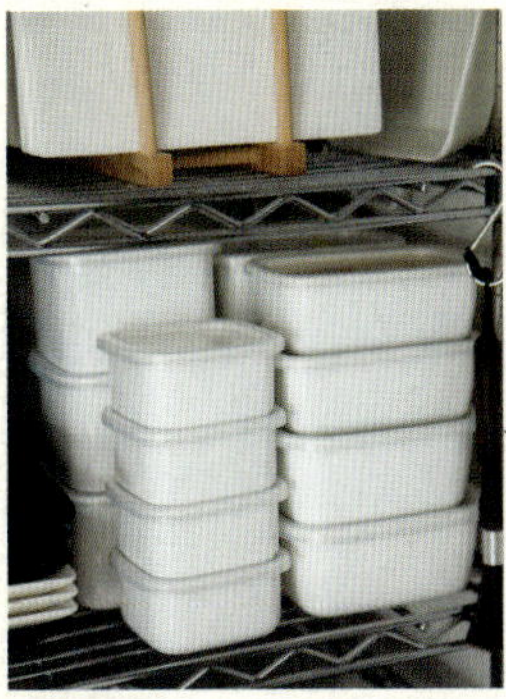

市販のパッケージは色が氾濫する原因になるので白の収納グッズに詰め替えてすっきり。

白×ナチュラル色の組み合わせが、まさにこのスタイルらしい！（写真提供：モモナチュラル）

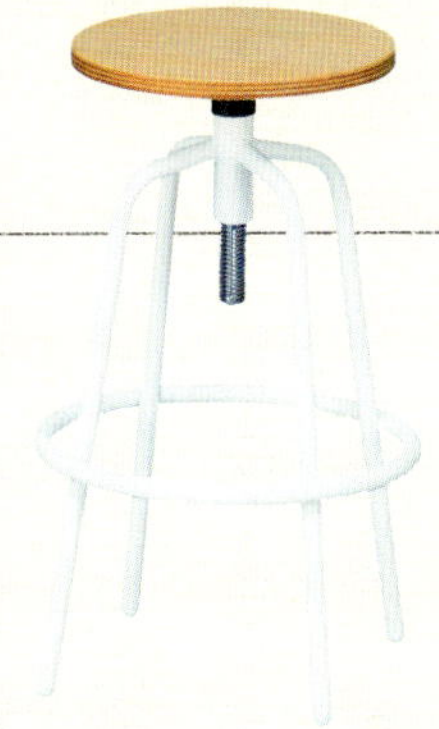

白はシンプル&ナチュラルを代表する色。壁同様、家具&雑貨などにも白を取り入れると、このスタイルらしい雰囲気が生まれます。すべて木の質感を生かした家具にするより、かろやかさが生まれ、モダンさがプラスされます。収納グッズなども白を選んでおくと、スタイルの雰囲気を壊しません。

（写真提供：モモナチュラル）

存在感があり、目立つ食器棚ひとつだけでも白を採用すると空間に清涼感が漂います。（写真提供：モモナチュラル）

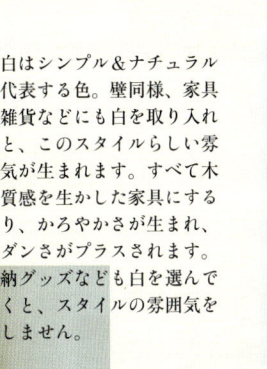

［リネン&コットン］

麻のクロスは吸水性がよく、乾きやすいのが特徴。同じものをたくさん揃えて重ねておくだけで絵になります。

淡いパステル調の色合いは、シンプル&ナチュラル空間によく合います。小鳥のクッションはデンマークのferm LIVING社のもの。

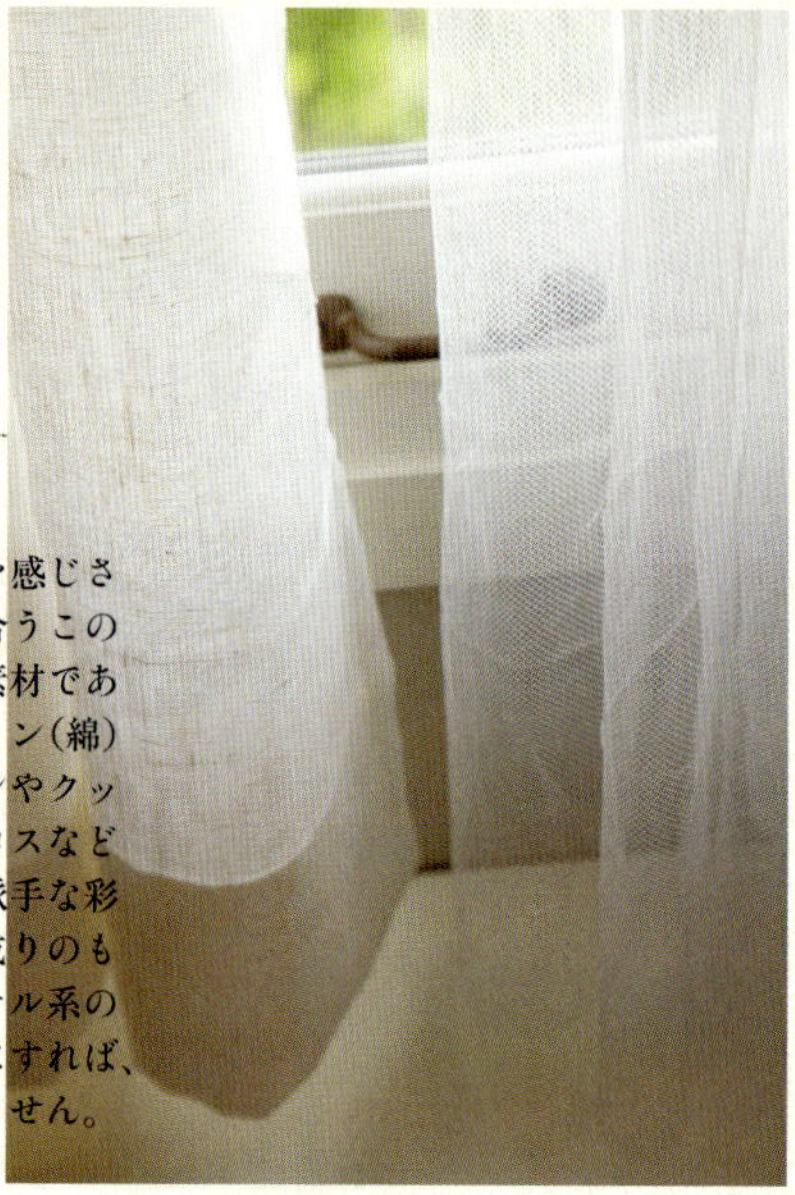

ナチュラルで自然を感じさせる風合いものが似合うこのスタイルには、自然素材であるリネン（麻）やコットン（綿）がぴったり。カーテンやクッション、キッチンクロスなどで取り入れて。色も派手な彩色ではなく、白や生成りのものがおすすめ。パステル系の淡い色をアクセントにすれば、部屋の雰囲気を壊しません。

［タイル］

素焼きの質感をイメージさせるようなテラコッタ風のタイルは自然素材の雰囲気を持っているので、このスタイルにぴったり。また白いタイルもシンプル&ナチュラルのキッチンや水回りで人気の素材です。タイルという素材は、ぬくもりを感じさせ、空間にやわらかなアクセントをもたらすのに一役買ってくれます。

白いモザイクタイルは洗面所やキッチンの壁や天板に使うと、ぬくもりだけでなく、キュートさもプラスしてくれます。

［ナチュラル色のかご］

かごは、シンプル&ナチュラルスタイルの空間に欠かせないアイテム。置いておくだけでかわいいので、空間の雰囲気を壊してしまいがちなものの収納に大活躍してくれます。和やアジアンスタイルでも用いられますが、明るい色合いのかごを選ぶのがポイント。白樺の樹皮、柳の枝、籐など、素材はお好みで。

モミの木のかご。北欧のかごは、このスタイルでも人気急上昇中。「北欧、暮らしの道具店」で購入可。

トランク型のかごはサイズも大きめなので洋服やおもちゃの収納に活躍。（写真提供：キャトル・セゾン）

白樺の樹皮で編まれたかご。

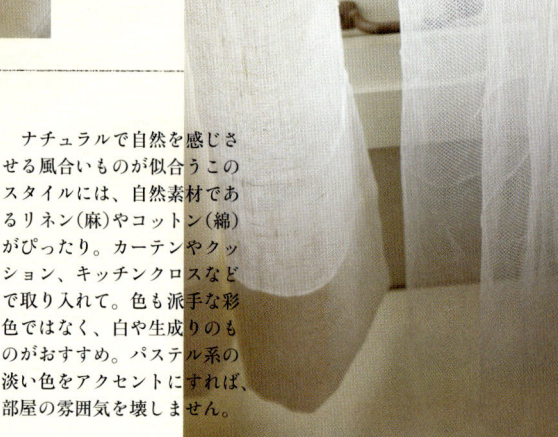

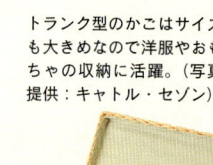

シンプル&ナチュラルなショップガイド

モモナチュラル自由が丘店

岡山に家具の自社工場を持つ家具&雑貨ショップ。ブレイクのきっかけとなった、パイン材×白のタイルの組み合わせの家具はロングセラー商品。木の素材感を感じさせるきちんとしたつくりながら、手の届きやすい価格設定が魅力。イメージを喚起させるカタログづくりにも力が入っていて夢が広がります。

ダイニングテーブル、椅子、食器棚、キャビネット、ソファと生活に必要な家具はほぼすべて揃います。神奈川、名古屋、大阪、福岡などにも店舗あり。

天板に白いタイルを使ったキッチンカウンター。ひとつあるだけでシンプル&ナチュラルな空間にぐっと近づけます。6万4575円。

東京都目黒区自由が丘２-17-１-２Ｆ　☎03-3725-5120　www.momo-natural.co.jp　11:00～20:00　無休

キャトル・セゾン・トキオ

「自然を感じながら豊かに住まうパリの暮らし」をコンセプトに、日本にフレンチインテリアの旋風を巻き起こした老舗雑貨店。柳のかごや、白い器、リネンやコットンのクロスなど、シンプル&ナチュラルスタイルあこがれのアイテムが豊富。家具は小ぶりなアイテムが揃います。札幌から福岡まで、各地に店舗あり。

左）脚に天板をのせるだけのテーブルはさまざまなシーンで活躍。天板3万1500円、脚（セットで）6万8250円。下）ロングセラーのスツール1万2600円。

ボックス型の脚に天板をのせて使うタイプ。天板は黒板になる仕様のものがあり、子ども部屋などに便利。7万3500円。

東京都目黒区自由が丘２-９-３　☎03-3725-8590　www.quatresaisons.co.jp　11:00～20:00（土・日曜、祝日～19:30）　不定休

北の住まい設計社

無垢材にこだわり、すべて北海道にある自社工房で、昔ながらの工法で職人の手によってつくられる家具。一生つきあえそうなしっかりしたつくり、質のよさを感じさせる家具には長年のファンも多い。北海道東川にある本店には家具だけでなく、北欧の雑貨も多く並び、カフェ&ベーカリーを併設しています。

自然に囲まれた緑豊かな地にある本社ショップ。旅気分で一日のんびりするつもりで出かけてみたい場所。東京、愛知、大阪をはじめ全国に店舗あり。

左）メープルのつや肌が美しいキャビネット。28万3500円。右）テーブルもメープル。26万2500円。チェリー、ウォールナットも選択可。

北海道上川郡東川町東７号北７線　☎0166-82-4556　www.kitanosumaisekkeisha.com　10:00～18:00　水曜定休

シンプル&
ナチュラルstyle

岩崎さん宅

ダイニングセット、壁際のキャビネットは「広松木工」のものを購入しました。テーブルはメープル材、キャビネットはオーク材。

ソファは「キャトル・セゾン」で購入。クッションやブランケットは季節によって替え、季節感を楽しんでいます。このときは春仕様。

ソファ横の壁にひっかけて、新聞をさりげなく収納しているのは、北欧のトレーハンガー。白樺の樹皮で編まれています。

木製のボックスには、リモコンやハンドクリームなどを収納。雑多なものが外に出ていないから、スタイルをキープできるのです。

living

dining

住む人、訪れる人が感じる気持ちのよさが、このスタイルの核

散らかしざかりの2歳半の男の子がいるにもかかわらず、すっきりと片づき、すがすがしい空気感にあふれる岩崎さん宅。白木の質感が伝わってくるような上質な家具を配し、白壁の美しさを生かした空間は、典型的なシンプル&ナチュラルスタイルです。岩崎さん自身は、このスタイルを目指そうと思ってつくり上げた空間ではないそうですが、自分の好きなものを選び、心地よさを大切にするなかで、シンプル&ナチュラルスタイルに到達しました。

「カントリースタイルではないし、北欧だけとかシェーカー*だけも違う。全部をぎちぎちのひとつのスタイルにまとめてしまうのは好きではなくて」と、シェーカースタイルの椅子や北欧デザインの照明や雑貨などをミックス。定義の広いシンプル&ナチュラルスタイルは、北欧やカントリー、ときにはモダン的な要素も受けとめてくれます。いろいろなスタイルを内包でき、多くを受けとめてくれるから、人気のスタイルになったと言えるかもしれません。

見た目の美しさはもとより、岩崎さん宅全体に流れる清潔感ある、気持ちよさ。これこそが、シンプル&ナチュラルスタイルの真髄のようです。

＊シェーカースタイルとは、アメリカのキリスト教一派により、創出されたスタイル。装飾を排したシンプルな家具が多い。

右）白を基調にした清潔感あふれるキッチン。リフォーム時にシステムキッチンの扉だけシンプルな白いものに交換してもらったそう。左）手の届きやすい位置に調味料やキッチングッズを並べています。調味料はすべてパッケージから出し、統一した容器に入れ替えているのですっきり見えます。上のポールは「イケア」で購入。

kitchen

右）キッチンのオープン棚では見せながら収納しています。見せてかわいい鍋やポットはそのまま、雑多なものや細かいものはかごに入れて収納。　左）お茶関連のものはひとつのトレーにまとめて出し入れしやすく。かごもトレーも、「北欧、暮らしの道具店」で購入したもの。

キッチン道具にさりげなく、北欧の柄ものを取り入れている岩崎さん。この空間に合う色を意識しているそう。トレーは、アルメダールス社のもの。

右）物入れの戸の取っ手に白樺の皮で編まれたかごをひっかけて。出かけるときに持ち出すものを収納しておけば便利。左）トイレの壁には「無印良品」の棚を設置。壁に設置することを想定してつくられた商品なので、設置も簡単。雑貨を飾る場所として最適です。

玄関からリビングまで一直線の廊下。気持ちのいい風が抜けていきます。リフォーム時に床を木のぬくもりが感じられるナラ材のものに交換。

sanitary & etc.

このマンションの購入の決め手となった庭は、ご主人担当。季節の花々が咲き、ナチュラルなインテリアの延長線上にある庭らしく、素朴でやさしげな雰囲気。庭が眺められるよう、木製の椅子も置いてあります。

「イケア」で購入したタオルバーを壁に設置し、ちょっとした飾り棚を兼ねたタオルがけにしました。

上）洗濯機上の棚。「パッケージがそのまま見えるのが好きではないので」、洗剤はガラスびんに移し、派手な色のボトルはかごへ。小さなことにも手を抜いていないことが、シンプル空間をつくります。下）洗面シンクの上。どこをみても、雰囲気を壊すものは見つかりません。

リビングの隣の洋室。子どもの絵本とおもちゃはこのスペースに入るだけと決めて、増やしすぎないように気をつけているそう。棚は「無印良品」で購入。

kid's room

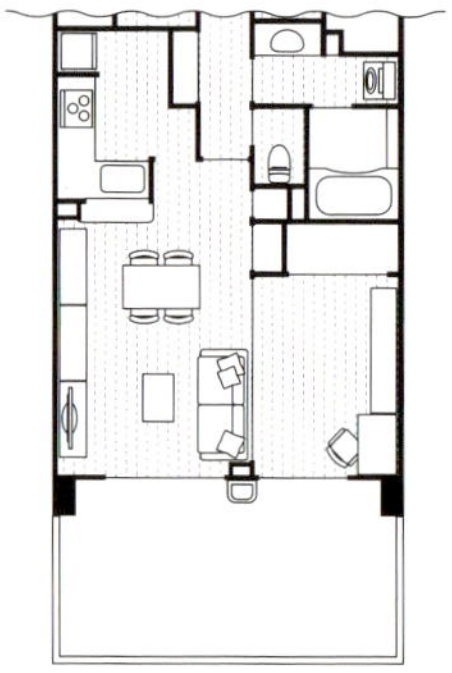

住まいのデータ

＊埼玉県在住
＊夫婦と２歳半の息子の３人暮らし
＊３LDK（分譲マンション）
＊築６年（リフォーム後１年）

岩崎陽子さん
編集者。「ものが少ないと言われますが、リビングに置いたキャビネットのおかげでそう見えるみたい」。お気に入りの店は、東京・国立にある「北欧、暮らしの道具店」(P25参照)。

ミニクッションが揺れるモビール。くすんだパステルカラーが、この住まいにぴったり。デンマークのferm LIVING社のもの。

片づける場所を覚えて、「これは、こっち！」と、自ら率先してお片づけする佑樹くん。親がきちんと片づけているためか、自然にできるようになったそう。

北欧ヴィンテージの絵皿

「伊勢丹」で行われていた北欧展で購入したヴィンテージの絵皿。北欧の雑貨にはまるきっかけになったそう。やはり淡い色調のものを中心に購入。

邪魔しない色の花を飾る

さりげなく飾られた花にも岩崎さんのこだわりが。ピンクや赤など派手な色のものは空間に似合わないので、白や淡い色のものを選ぶことが多いそう。

シェーカーの椅子がお気に入り

「広松木工」で購入した椅子はシェーカースタイル。シンプルで機能的、でもどこか温かみのあるスタイルなので、岩崎さん宅によく合います。

岩崎さん宅のシンプル&ナチュラルstyleを盛り上げるディテール

小さなものが映える空間

窓の前でゆらゆらしているのは、北欧製のオーナメント。こんな小さな雑貨を飾っても映えるのは、空間自体がすっきりしていて、ものが厳選されているから。

和食器と北欧の食器は、相性抜群

食器は北欧の食器と和食器を愛用。混在させても自然になじむので使いやすいのだそう。日本の食卓は和洋折衷なので、どちらの料理にも合う食器は重宝です。

フレームに仕立てたのは？

北欧製のスポンジワイプ（キッチンで使う吸水性の高いクロス）の柄がかわいかったので、フレームに入れて壁を飾りました。いいアイディア！

シンプル&ナチュラルstyle

Iさん宅

living
dining

カウンター風のテーブルはリフォームを依頼したときにこの空間に合わせてつくってもらったもの。天板にはタモ集成材を使用。

カウンター越しに会話ができ、料理中でも孤独にならない間取り。でも、手元はすっきり隠れるので、シンプルをキープしやすい！

すっきりシンプルに、ナチュラルを少々

「すっきりした空間が好き」というIさん夫妻。シンプル&ナチュラルスタイルを目指したわけではありませんが、こだわりを盛り込んでリフォームでつくり上げた住まいは、すっきりシンプル。そこに木の素材感を感じるナチュラルな要素も加わり、まさに、シンプル&ナチュラルスタイルです。

床は無垢のナラ材、壁は白にペイント。ベースの内装が白×ナチュラルという明るい雰囲気なので、選んだ家具も同様に白やナチュラル色のもの。置かれたものも厳選されているので、空間のよさをそのまま引き出しています。合わせるファブリックや雑貨類によっては、フェミニンな雰囲気に転びがちなこのスタイルですが、シャープなラインの家具を選び、黒の雑貨、ガラスやスチール素材などをところどころに配したおかげで、甘すぎないニュートラルな雰囲気に落ち着きました。

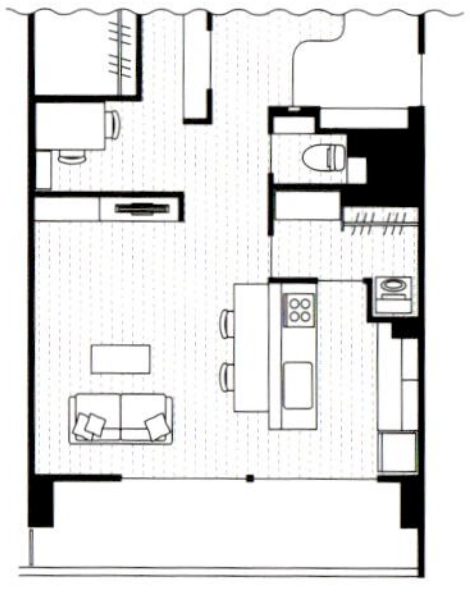

住まいのデータ

＊岐阜県在住
＊夫婦２人暮らし＋犬１匹
＊２LDK＋S
＊築８年（リフォーム後半年）

余計な家具を置かず広々と使っているリビング。テレビを置いたほうの壁は低めにし、奥のワークルームとゆるくつながれるようにしています。

玄関方向から窓に抜ける風景。すっきり心地いい空気が流れていることを感じさせます。壁や建具の白が生きた空間。

work room

テレビの裏はパソコンなどを置いたワークルーム。ごちゃごちゃしたものをうまく隠しながら、リビングとのつながりも断絶しない間取りです。どこかに使いたかったという水色をここの壁に採用。さわやかな色合いでシンプル&ナチュラルな空間とも好相性！

I・Hさん&Tさん
好きなように空間をつくれるからと中古マンション＋リフォームという住まいづくりを選択。マンションリノベーションに定評がある名古屋の「リノキューブ」（P127参照）に依頼。

キーアイテムで分かる

北欧styleのルール

コペンハーゲンのホテルのロビーのためにデザインされた「スワンチェア」。(写真提供:フリッツ・ハンセン)

アルネ・ヤコブセン

北欧モダンデザインを代表するヤコブセンがデザインした「セブンチェア」。(写真提供:フリッツ・ハンセン)。

［北欧デザイナーの家具］

そうとは知らずに、見かけたり使っていたりするほど有名で、数多く流通している北欧デザイナーの家具。フィンランドのアルヴァ・アアルト、デンマークのハンス・J・ウェグナーとアルネ・ヤコブセンが代表的なデザイナーです。この３人がデザインした家具は北欧スタイルのアイコン的存在。ひとつあるだけで、北欧らしさをかもし出します。

曲げ木の家具をいち早くつくり、その後のデザインに影響を与えたアアルト。このスツールもそのひとつ。「アルテック64」。

アルヴァ・アアルト

１人がけのイージーチェアは北欧らしいアイテム。「アルテック406」。(写真提供:ヤマギワ東京ショールーム)

ハンス・J・ウェグナー

14歳で職人となり、数多くの椅子をデザインしたウェグナーの代表作のひとつ「Yチェア」。質感が魅力。

[照明]

暗く長い冬を過ごす北欧諸国では部屋の明かりを工夫してきたという歴史があり、オリジナリティーあるデザインの照明が多く見つかります。全体を明るく照らすというより、シェードからこぼれる光の陰影の美しさを楽しみたいところ。食卓を温かく照らすペンダント、部屋の隅で空間に奥行きを与えてくれるスタンド、どちらもおすすめ。

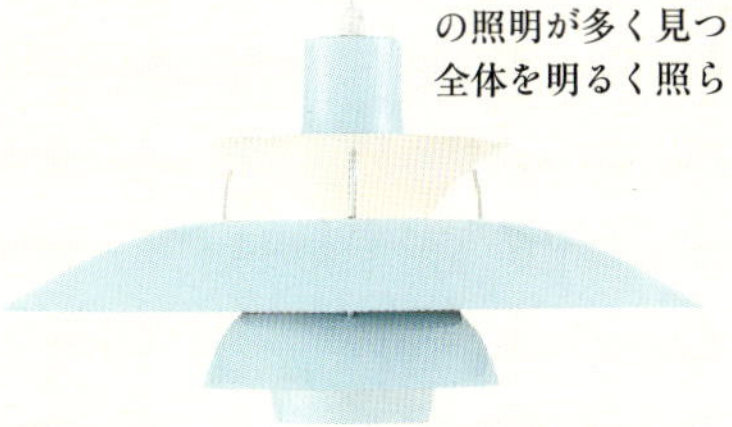

上）レ・クリント社のペンダント「172B」は有機的なデザイン。右）ポール・ヘニングセンのデザイン「PH50」。ミントブルーのほか、白、赤などが。（写真提供：どちらもヤマギワ東京ショールーム）

照明はハンス・アルネ・ヤコブソンのデザイン。

[北欧の日用品]

長い歴史を持つテキスタイルメーカー、アルメダールス社のミトン。（写真提供：北欧、暮らしの道具店）

スウェーデン、ロールストランド社のロングセラー「スウェディッシュ・グレース」シリーズ。（写真提供：北欧、暮らしの道具店）

ダンスク社の人気デザインの復刻版。カラーバリエーションあり。（写真提供：北欧、暮らしの道具店）

機能を追求し、デザイン的にもすぐれたものが多い北欧の日用品。20世紀初頭に「普段づかいの道具をより美しく」というデザイン運動がおこったほど、早くから日用品のデザインにも力を入れてきました。ロイヤル・コペンハーゲン、イッタラ、ダンスクなど人気メーカーも多数あり、昔から使っているコレクターやファンも多いよう。

冬が厳しいという土地柄、昔から北欧諸国（デンマーク、スウェーデン、フィンランドなど）では家のなかでの暮らしを大切にする傾向がありました。インテリアのレベルが高く、デザイン性の高い家具や雑貨に定評があります。

北欧デザインの魅力は余計な装飾がなく、シンプルで機能的であること。20世紀に入ってからヨーロッパで生まれた機能主義の影響を受け、発展してきました。また、自然素材を使ったり、豊かな自然からインスピレーションを得たりと、ぬくもりを感じるデザインが多く見つかります。

北欧スタイルは、シンプルで、かつぬくもりを感じるものなので、P10〜のシンプル&ナチュラルスタイルは、北欧スタイルから北欧らしさを弱めたものといえるかもしれません。少なからず影響を受けているでしょう。

シンプル&ナチュラルではなく、北欧スタイルを表現したいなら、北欧生まれの家具や照明、道具を取り入れることが早道です。使いやすさを追求し、機能美にあふれる北欧のものは、かろやかなデザインのものが多く、日本の空間に合わせやすいので、比較的取り入れやすいスタイルです。

一世を風靡したフィンランドのマリメッコ社をはじめ、スウェーデンの「ボロス」や「スヴェンスク・テン」など、北欧には魅力的なファブリックメーカーが多数。北欧発のインテリアショップ「イケア」もファブリックデザインに定評があり、気軽に北欧らしさを取り入れられるアイテムとして人気です。自然をモチーフにしたデザインが多いのが北欧らしいところ。カーテンなど大きな面に使うのもいいですが、まずはクッションやファブリックパネルなど、小さいアイテムからチャレンジするのも手です。

［ファブリック］

アアルトのスツールにヨハンナ・グリクセンの織り布をカバーリング。「fennica」で購入可能。

「イケア」のファブリックは安価でレベルの高いデザインのものが見つかります。カーテンなど大きいものをつくってもリーズナブル。

スウェーデンの「スヴェンスク・テン」のファブリック。自然をモチーフとしたインパクトの強い色合わせや柄が特徴的です。

20世紀の初頭から日用品のデザインを向上する運動がおこるなど、早くからデザインレベルが高い北欧。20世紀半ばには、今なお、つくり続けられているような有名デザイナーによる家具も出揃います。つまり、その時代のデザインの家具や雑貨は今見てもハイレベルかつ、新鮮。希少になりつつある、チークやローズウッドの家具が見つかったり、ちょっとレトロな食器があったり。北欧空間のアクセントとなるので、ヴィンテージ家具や雑貨を少し取り入れるのとインテリア幅が生まれ、個性をプラスできます。

［ヴィンテージ］

チークの濃いめの木肌色が、白木系の色が中心になりがちな北欧インテリアのアクセントになります。兵庫県の「タイムレス」で購入。

木製トレー付きのバターボウル。年月を経た木製部分の味わいがヴィンテージならではの魅力。（写真提供：北欧、暮らしの道具店）

北欧なショップガイド

イルムス日本橋

デンマークにあるインテリアショップ「イルムス ボリフス」をベースに、北欧モダンなセレクトのライフスタイル専門店。日本橋店は、フロアを「LIVING」と「DINING」に分け、家具から食器、キッチングッズまで多数のアイテムを揃えます。イルムスがセレクトする北欧スタイルに合う「和」のアイテムも。

日本橋店はイルムスの旗艦ショップ。名古屋、大阪、東京・二子玉川、神奈川・横浜などにも店舗あり。

左）ウェグナーの「エルボーチェア」8万9250円～。ビーチ（ブナ）材の肌合いが気持ちよく、使い込むことで味わいが増します。右）シューメーカーチェアは、機能美あふれる一品。〈左〉2万9925円～、〈右〉3万4650円～。サイズ、仕様によって価格が異なります。

東京都中央区日本橋室町 2-4-3 YUITO 2F ☎03-3548-8881 www.illums.co.jp 11:00～20:00 不定休

ノルディックフォルム

住宅関連のショールームが揃う新宿のリビングデザインセンターOZONE内にある北欧デザインのショールーム。「商品背景などを含め、北欧の息吹を伝える情報発信の場を目指しています」。ヴィンテージ家具の扱いもあり、ファブリックのサンプルの品揃えも豊富。テーマを決めたイベントも随時開催。

実際に触って座って比べながら選ぶことができます。現行品、ヴィンテージが両方並ぶのもうれしいところ。

左）ウェグナーのデザインのイージーチェア。1950年代のヴィンテージですが、メンテナンスは完璧。右）1950年代のキャビネット。ウェグナーのデザインです。北欧のキャビネットには引き戸のものが多く見つかります。和室にも合いそうなデザイン。

東京都新宿区西新宿 3-7-1 リビングデザインセンターOZONE 5F ☎03-5322-6565 www.ozone.co.jp/nordicform 10:30～19:00 水曜定休

北欧、暮らしの道具店

道具店という名前どおり、北欧で愛されている器、鍋、キッチングッズ、かごなど、かわいい日用品が勢揃い。家具など大物はありませんが、日常を彩ってくれる楽しい雑貨たちは、北欧スタイルを実現するためには欠かせないものばかり。実店舗は東京・国立にありますが、webショップとして人気。

小さな空間ながら、目移りしそうにかわいいグッズが多彩に並びます。web上だけでなく、実際の商品を見てみたいという人はぜひ訪れてみて。

ヴィンテージでしか見つからなかったターコイズ色が復刻され、新品が購入できるように。ダンスク社のホーロー鍋は人気商品。3675円。

東京都国立市北 1-12-2 ☎042-577-0486 hokuohkurachi.com 13:00～18:00（土曜11:00～） 日曜、祝日、第1・3・5土曜定休

北欧style

橋本さん宅

ローテーブルはアンティ・ヌルメスニエミのデザイン。ソファを置かない日本的な低い暮らしと北欧デザインは意外と相性がいいのです。

チークとオークの2種の材が使われているヴィンテージのキャビネット。デンマークの巨匠デザイナー、ボーエ・モーエンセンのデザイン。

暮らしの必需品であるリモコンはかごにまとめて。それだけで生活感のあるものが、すっきりまとまって見えます。

living

来客時などに便利なアアルトのスツールはスタッキングできるので場所を取りません。あちこちで活躍してくれる家具です。

〝暮らす〟というリアリティーに北欧がぴったりでした

アパレル関係の仕事をする橋本吾郎さんと、人気のセレクトショップ「ビームス」に勤めるひとみさん。結婚を機に2人で相談しながら、徐々に北欧家具を買い揃えていきました。「当時念願だったビームスモダンリビング（ビームスのライフスタイルレーベル「fennica」〈P127参照〉の前身）に配属になったのも、大きなきっかけだったと思います」とひとみさん。吾郎さんは、昔はミッドセンチュリーデザインの家具などにも興味があったそうですが、実際に暮らすというリアリティーのなかでは、北欧スタイルのほうが落ち着くと感じるようになっていったのだそう。「飾るわけではなく、〝使う〟わけですから、気持ちが変わっていきました。北欧のものは木のよさが伝わってきていいですよ。生活感がなさすぎる住まいは落ち着かないですが、北欧は適度なんだと思います」。

北欧スタイルの魅力は暮らしに添うこと。実際の暮らしのなかで使うことで、そのよさをより感じている様子のお2人でした。その空間にスパイスとなっているのが、日本の民芸。「fennica」のコンセプトを形にした住まいですが、そのおかげでさらに落ち着く空間ができ上がりました。

テーブルは「ビームスモダンリビング」で購入したもの（現在は取り扱いなし）。「Yチェア」との相性抜群。ペンダントライトはアアルトのもの。

マリメッコ社のヴィンテージファブリックでつくられたウォールポケットを壁に。アアルトのベンチは、独身時代に吾郎さんがひとみさんにプレゼントしたもの。

上）引き出し付きの小さい棚を玄関の壁に取り付け、飾り棚にしました。ノーネーム（デザイナー不明）のヴィンテージのものだそう。下）玄関に置いた3本脚のスツールはアンティ・ヌルメスニエミのデザイン。靴をはくときなどちょっと座るのに重宝します。

小さい子どもがいても、インテリアには手を抜かない2人。小さいうちから本物のよさに触れてほしいという気持ちもあるのだとか。

上）ダイニングテーブルの奥に置いた棚は本を収納しつつ、ところどころに雑貨を飾って実用本位にならないようにしています。ライオンは、陶芸家リサ・ラーソンの人気シリーズ。下）犬と後ろの絵皿はスティグ・リンドベリのデザイン。

entrance & etc.

トイレの棚の日隠しとして活躍しているのは、アアルトデザインのファブリック。アアルトはさまざまなアイテムをデザインしました。

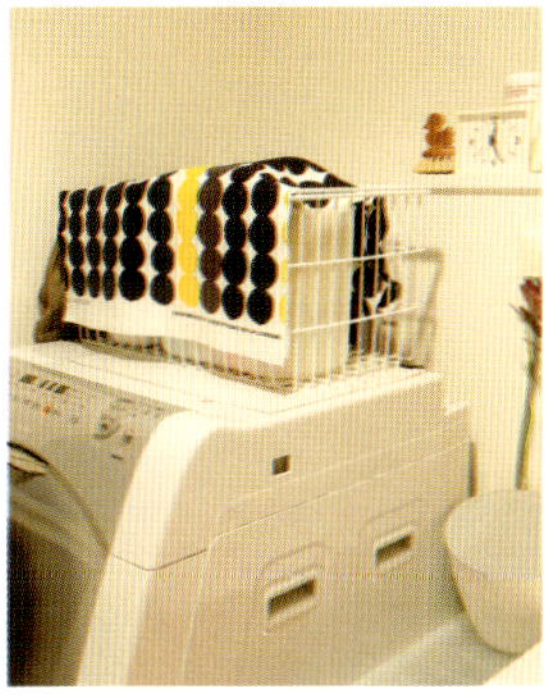

あまり人に見せないところでも、さりげなく北欧ファブリックが活躍。マリメッコ社のものなので、マイヤ・ロウエカリのデザイン。

アアルトのスツールは、ちょっとしたものを飾る台としても便利。飾ったのは沖縄の作家、豊永盛人さんによる張り子人形。

対面式カウンターの奥に置いたキッチンボードはダイニング側から丸見えになるので、北欧スタイルとも合う明るい木肌のものをセレクト。

キッチンボードにのせたかごは、白樺の樹皮でつくられているそう。「ひとつだけでは物足りなくていくつも買ってしまいました」。

kitchen

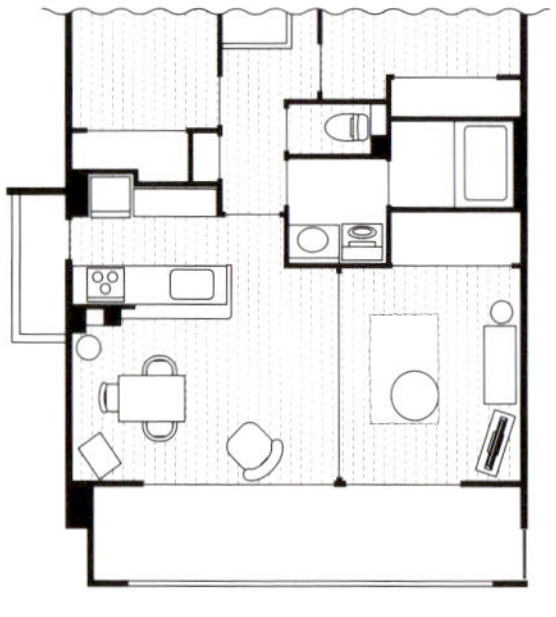

住まいのデータ

＊奈良県在住
＊夫婦と２歳の息子の３人暮らし
＊３LDK（賃貸マンション）
＊築１年

橋本吾郎さん・ひとみさん
お子さんの悠吾くんの成長が日々楽しみだというお２人。「家具も子ども同様、年数を経て成長し、どんどん味わい深くなっていくところがおもしろいですよね」。

器も北欧のものをたくさん持っているお２人。左）どちらの皿もスティグ・リンドベリのデザイン。奥は現行品で、手前がヴィンテージ。中）シュガーポットとミルクジャーはフィンランドの「アラビア」社のヴィンテージ品。右）ティーカップも、スティグ・リンドベリのデザイン。

共通項はぬくもりの雰囲気

キッチンカウンターにのせた日本製のあけびのかごには、ダイニングで使われる北欧製のキッチングッズなどが待機しています。

日本のクラフトを飾るコーナー

染色工芸作家、柚木沙弥郎さんの染め布のフレームを飾ったコーナー。北欧の空間にあっても不思議と違和感がありません。

ぽってりした民芸の器

沖縄の壺屋焼や、島根の出西窯の器を愛用している2人。パスタやサラダを盛るなど、和食に限らず、洋風にもよく使っているそう。

橋本さん宅の北欧styleを
盛り上げる和&民芸アイテム

スパイス的に民芸を取り入れる

「こてこての民芸は今も好きではありません」と吾郎さん。北欧のなかにスパイス的に存在するからこそ、そのよさが引き立つようです。

ミックスするのが楽しい

木の器は北欧のもの。和紙の容器は日本のもの。「北欧だけだとしんどいと思うようになったころに民芸と出合い、ミックスする楽しさを覚えました」。

日本×北欧のくつろぎコーナー

長大作さんのデザインの「低座椅子」に、スウェーデンの「スヴェンスク・テン」のクッションを合わせて。ほっこりくつろげる癒やしの場所です。

キーアイテムで分かる

シンプル＆モダンstyleのルール

［デザイナーズチェア］

ル・コルビュジエ

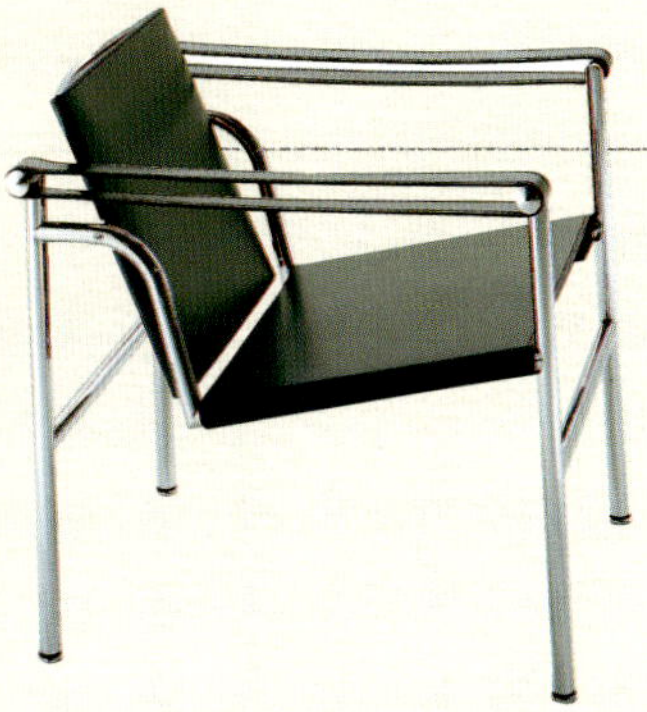

「LC1 スリングチェア」は、スチールと革のミニマルさが魅力。（写真提供：カッシーナ・イクスシー青山本店）

フランスの建築家、ル・コルビュジエデザインのソファ。「大いなる快適」の愛称をもつ「LC2」。

無機質になりがちなシンプル＆モダンスタイルのインテリアの中で、住み手の好みや個性が現れるのが椅子やソファ、スツールなどの、「座る」ための家具です。20世紀の名デザイナーたちが生み出した機能的な美しさや、遊び心のあるフォルムが、スタイリッシュなインテリアの主役として存在感を放ちます。

20世紀を代表するデザイナー、チャールズ＆レイ・イームズの傑作「イームズ シェルサイドチェア DSR」。（写真提供：hhstyle.com）

チャールズ＆レイ・イームズ

フィリップ・スタルク

「プリンスアハ8810 スツール」はフランスの人気デザイナー、スタルクのデザイン。（写真提供：カッシーナ・イクスシー青山本店）

インテリアのスタイルのなかでも、幅が広いのがモダンスタイル。それは「現代的」という言葉どおり、時代とともに変化していくからです。実際に、「ミッドセンチュリー・モダン」と呼ばれる、1950年ごろのスタイルが、半世紀を超えた今も、モダンスタイルの中核的な存在となっています。

　第二次世界大戦を経て、欧米ではさまざまな新素材や加工技術が登場しました。ステンレス、スチール、プライウッド、グラスファイバー、樹脂素材など、工業的に生産される硬質なマテリアルは、その時代転換を感じさせる要素。この素材や技術が家具の分野にもたらされた結果、それまでにないデザインが生み出されたのです。

　こうした素材が描く直線的なラインや機能的なビジュアルから、無駄のないシンプル＆モダンスタイルが生まれます。

　このスタイルを成功させるカギは、空間を生かした、引き算の美学にあります。そのイメージはギャラリーや美術館。大きな面積の装飾性をできるだけ抑え、ひとつひとつ厳選されたものを、飾るように置く。そうすることで、置くものがすっきりと引き立ち、透明感のある空間になります。

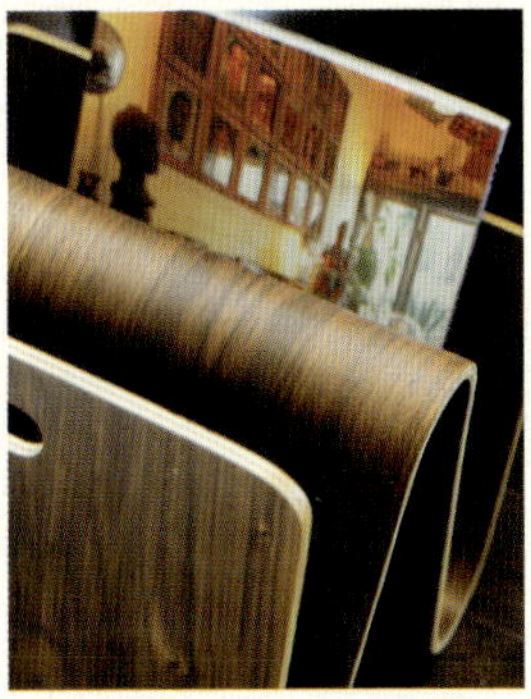

曲線が美しいマガジンスタンド。現役デザイナー、エリック・ファイファーのデザインで、プライウッドの成形技術が生きています。

シンプル＆モダンのシャープな印象にマッチする木素材として挙げられるのが「プライウッド」です。薄い板を何枚も重ねたローコストの素材で、表面の質感はなめらか。複雑なカーブ面を形づくる技術はイームズ夫妻が極めたと言われています。薄くて丈夫なので、家具としてかろやかな印象になるのが魅力です。

「イームズ プライウッド フォールディング スクリーン」は場所に合わせ折りたたみ利用可能。（写真提供：hhstyle.com）

［プライウッド］

1945年にイームズ夫妻がデザインした「LCW」。背もたれや座面の体になじむ曲線が、座り心地のよさを生んでいます。

カスティリオーニ兄弟の「アルコ フロアライト」。アルコはイタリア語でアーチの意。（写真提供：カッシーナ・イクスシー青山本店）

アイリーン・グレイの「アジャスタブルテーブルE1027」は、別荘の寝室のためにデザインされた（写真提供：hhstyle.com）。

［ステンレス］

すっきりした直線や曲線のライン、メタリックで機能的なイメージを担うのがこの素材。ガラスや大理石、皮革、樹脂、布などの異素材と合い、デザイナーズチェアでも、脚や枠などにステンレスが効果的に使われています。シャープで強い印象を生み出すつや仕上げのものと、シックで落ち着いた雰囲気になるつや消し仕上げのものとがあります。

樹脂製品

モダンデザインの斬新なフォルムや鮮やかな色づかいは、現代の素材である樹脂（プラスチック）から生まれています。有機的な流れるような曲線ややわらかな立体感はほかの素材にはない魅力です。シンプル＆モダンスタイルに、こうした遊び心のあるデザインをポイント的に取り入れることで、空間にアクセントが生まれます。

イタリア、フロス社の「ミス・シィシィー テーブルランプ」。(写真提供：カッシーナ・イクスシー青山本店)

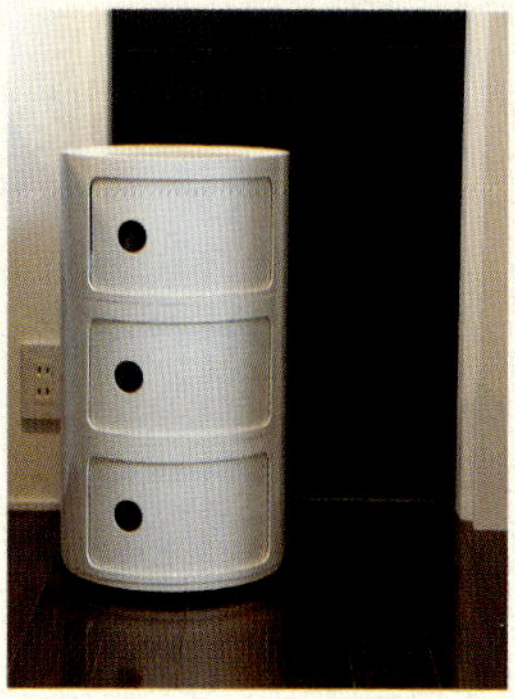

イタリアのプラスチック家具メーカーカルテル社のスタンダードコレクションに入っている円柱型の収納家具「コンポニビリ」。

ヴェルナー・パントン1967年の作品「パントンチェア」。プラスチックの一体成型。(写真提供：hhstyle.com)

ワイヤーアイテム

ステンレスなどの金属ワイヤーで編まれた家具は、透明感を重視するシンプル＆モダンスタイルの構成要素にふさわしい存在感。直線と曲線が同時に成立するおもしろさもあり､金属でありながらやわらかく自由なイメージをつくります。重厚なインテリアのなかにひとつプラスするだけでも、抜けのある軽快な印象に。

金属彫刻家でもあったハリー・ベルトイアのデザインの「サイドチェア」（写真提供：ノル ジャパン）

ベルトイアの「サイドチェア」には塗装タイプもあります。銀色のクロームメッキタイプよりもやさしくかろやかな印象に。

イームズのプラスチックのシェルチェアに続いて製品化された、ワイヤーの椅子。写真は背と座にクッションが付いた「DKR－2」。

デザイン家電

スタイリッシュなインテリアにとっては邪魔な存在とされることも多かった家電製品ですが、最近は洗練されたデザインのものも増えてきています。シンプル＆モダンにこだわるなら、最初からスタイルに合わせた家電選びも必須条件です。白や黒、ステンレスを基調とし、スイッチ類の色や文字表示も極力抑えたものをセレクトしましょう。

電気ポットに替わって増えてきた電気ケトル。写真はイギリスの家電ブランド「ラッセルホブス」のステンレスのカフェケトル。

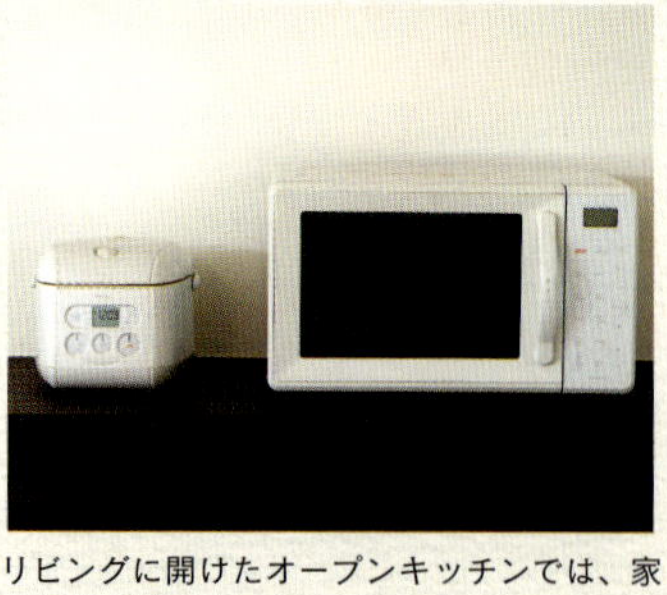

リビングに開けたオープンキッチンでは、家電の生活感は抑えたいもの。シンプルな電子レンジ＆炊飯器ならインテリアになじみます。

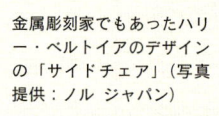

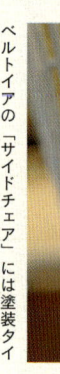

シンプル&モダンなショップガイド

カッシーナ・イクスシー青山本店

世界最高峰のイタリアンブランド「カッシーナ」は、近代建築の巨匠達による名作家具など、美術品級の家具が並びます。「イクスシー」は、最先端のモダンデザインプロダクトを送り出すセレクト&オリジナルブランド。店内は洗練された空間のお手本そのものです。大阪店、福岡店もあります。

カッシーナ・イクスシーが提案するくつろぎの空間。モダンで上質な雰囲気があふれる店内。

左）布を立体化したフォルムのアームチェア「CLOTH」（50万4000円～）。右）1957年に生まれたジオ・ポンティの名作椅子「スーパーレジェーラ」の新バージョン。シートとフレームの組み合わせは450パターンにもなります（12万3900円～）。

東京都港区南青山2-12-14 ユニマット青山ビル1～3F ☎03-5474-9001 www.cassina-ixc.com 11:00～19:30 不定休

hhstyle.com青山本店

2010年に原宿から青山へ移転、「すこし大人のためのスタイリッシュなショップ」をコンセプトに、イームズ、ジョージ・ネルソン、イサム・ノグチなどのデザイナーズ家具を世界中からセレクト。家具はもちろん、照明、ステーショナリー、デザイングッズなど、眺めているだけでも楽しめるアイテムが並びます。

青山本店のファサード、ランドスケープは建築家、隈研吾氏、空間デザインは吉岡徳仁氏によるもの。

左）ジャスパー・モリソンの新作「HAL」（写真はウッドベースタイプ4万3050円）。右）小物整理に役立つ「TOOL BOX」（4200円）。

東京都港区北青山2-7-15 NTT青山ビル エスコルテ青山 ☎03-5772-1112 www.hhstyle.com 12:00～20:00 無休

Knoll be.showroom

1938年、ドイツ生まれのハンス・ノールによってニューヨークで設立されたブランド。ミース・ファン・デル・ローエ、エーロ・サーリネン、マルセル・ブロイヤー、ハリー・ベルトイアなど、ミッドセンチュリー・モダンのデザイナーの作品を世に送り出してきました。青山ショールームは2010年にオープンしたばかり。

MOMAの永久展示品が多数並ぶショールーム。Knollの商品以外にも、モダンデザインのアイテムの扱いあり。

上）ミース・ファン・デル・ローエ「バルセロナチェア」（82万6350円～）、「バルセロナスツール」（39万9000円～）下）「チューリップラウンドダイニングテーブル」（61万9500円～）、「チューリップサイドチェア」（15万5400円～）

東京都港区南青山3-1-7 青山コンバルビル ☎03-3478-7511 www.knoll-japan.com 10:00～18:00 日曜、祝日定休

シンプル&モダンstyle

mikiさん宅

ワンフロアのＬＤＫは大好きなイームズの椅子を中心に考えた空間。東京・目黒の「マイスター」で購入したソファの上には、入居してすぐに家族として迎えたチワワの虎太郎。

リビング脇のスタディコーナーに、ハリー・ベルトイアのサイドチェアを。カウンター上が雑然としないよう気をつけているそう。

真っ白な壁に映える、赤いプラスチックの壁かけラック「Uten.Silo 2」。雑多なものを入れてもさまになるところがお気に入り。

living

四角い洗面ボウルを選び、「イケア」で買った鏡を自分で取りつけた洗面コーナー。雑貨はステンレス、タオルはダークブラウンで統一。

モダンデザインの椅子が映える、直線的で彩りを抑えた空間

同じ県内の賃貸の集合住宅から、一軒家を建てて1年と少し。マンションで暮らしていた頃から、mikiさんは「椅子」にこだわっていたそう。好きなカフェに置いてあるものを見ていたら、イームズの椅子があることが多く、これがきっかけでミッドセンチュリーの家具に興味を持って、少しずつ集め始めたといいます。

家を建てることが決まり、建築事務所にまず伝えたのは「椅子が映える家に」というリクエストでした。その結果生まれたのが、壁は白、床はウォールナット色という、シンプルでベーシックな箱。「土台となる内装は色み、形をできるだけシンプルに」という希望に応えた形となりました。

「椅子と雑貨以外は、壁や床と同化させるように意識しています」とmikiさん。また、収納が少ないので、ものを増やさないことを心がけているといいます。たしかに紙類や洋服など、散らかりがちなものが見えるところに出ているということもありません。「何でもボックスに収納するくせがあるんです」というくらい、ものが出ている状態が好きではないのだとか。本当に好きなものを選び、生かす。シンプル&モダンスタイルの潔い快適さが、そこにありました。

最初に買ったイームズのチェアはオレンジ色。色は異なっても同じシェルチェアでまとめているので、落ち着いたダイニングになりました。

上）冷蔵庫脇のマグネットは「イッタラ」のカップ類のミニチュア。このノベルティが欲しくて炭酸飲料をまとめて買ったのだとか。下）リビングから見える高さに食器棚はなし。食器は白で統一、腰高のカウンターの引き出しに収まる分だけを持つようにしています。

kitchen & dining

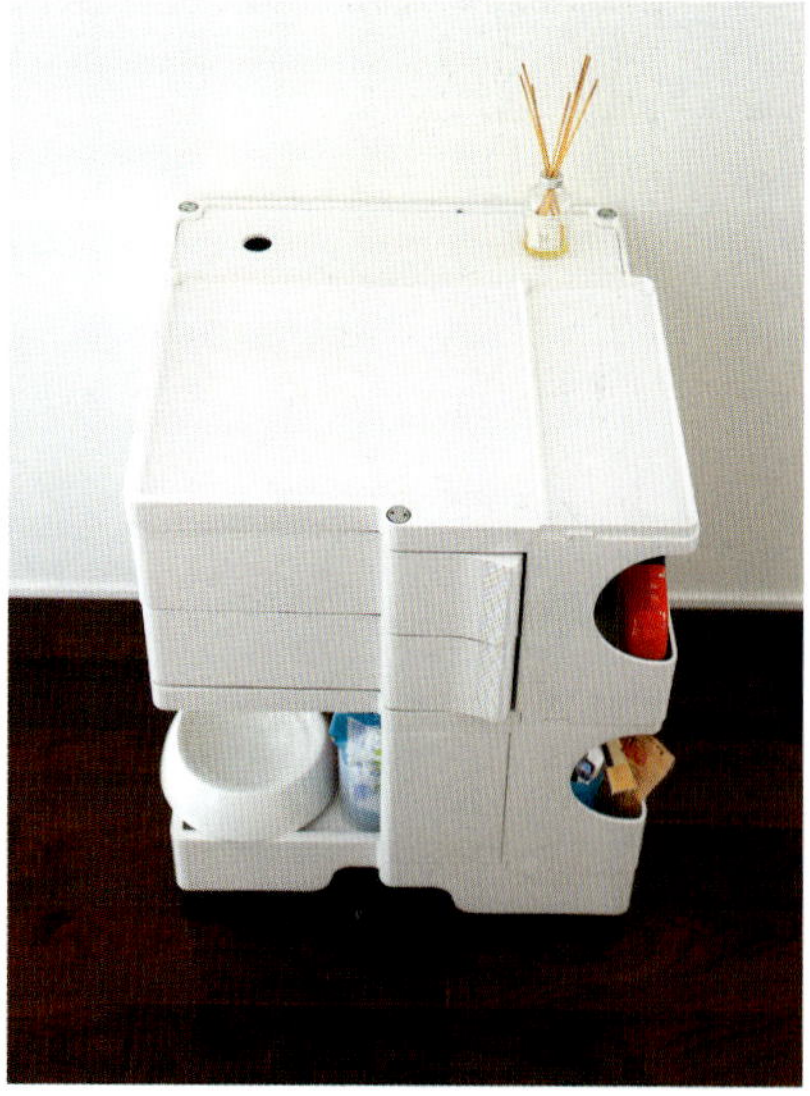

右）プラスチックの「ボビーワゴン」はワンちゃんグッズの収納庫。リードや洋服、シャンプーなどがひとまとめになっています。左）ドッグフードは「イケア」のガラスジャーに移し替えています。定位置はキッチンの背面カウンターの上。出しっぱなしでも大丈夫。

右）２階の寝室はネイビーのチェアをメインにシックなコーディネート。ベッドカバーやクッションで雰囲気を変えて楽しんでいます。左）２階は吹き抜けのまわりを囲むような間取り。見上げると光が差し込み、白と黒、ウォールナットのミニマムな空間が広がります。レ・クリント社のペンダントライトが引き立つ開放感が魅力です。

bed room

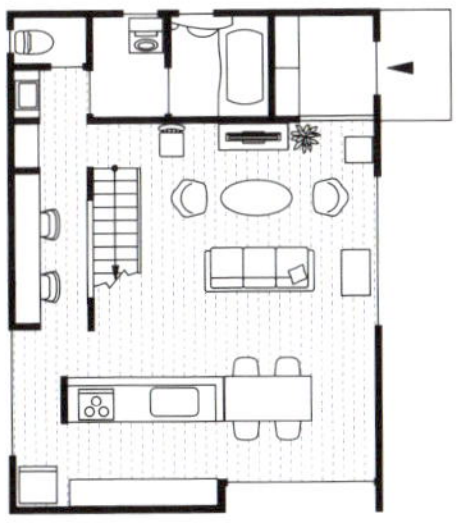

住まいのデータ

＊埼玉県在住
＊夫婦２人暮らし＋犬１匹
＊２LDK（一戸建て）
＊築１年

mikiさん

「イームズに囲まれて暮らす」という夢をかなえ、好きなもの以外は置かないシンプルな暮らしにたどりつきました。犬の虎太郎くんも、椅子にはいたずらしないので一安心。

右）寝室の脇のウォークインクロゼットは、下の空間に「無印良品」のプラスチックケースを並べました。左）小さな収納家具はウォールナット色にこだわってセレクト。床と同色なので、空間の開放感を邪魔しません。

シンプル&モダンstyle

西村さん宅

少数精鋭の上質な家具で、ホテルライクなモダンスタイル

すっきりとものが少なく、モダンデザインの家具に囲まれた西村さん宅。あこがれる人が多い、シティホテルのようなモダンインテリアを自宅で再現しています。日々の喧騒を忘れ、のんびり過ごすのにぴったりの空間です。

結婚を機に購入したマンション。和室をなくすリフォームを考えるなか、せっかくだからとリビングダイニング全体のリフォームに踏み切りました。依頼したのは名古屋にある「リノキューブ」（P127参照）。施主の要望に合わせて、さまざまなスタイルに対応し、空間のイメージをがらりと変えてくれる会社です。「雑誌の『モダンリビング』が好きで、それを見ながら打ち合わせをしました。こちらの要望をかみくだいてくれ、いい提案をしてもらったと思います」。

ほれ込んで「カッシーナ」で購入したソファを筆頭に、家具も厳選。〝一生もの的〟家具のおかげで上質な雰囲気が生まれました。

夫婦2人ともに医師。忙しいのはもちろん、精神的にもきつい仕事です。家に帰ったらほっとしたいとの気持ちが強かったのだそう。好きなモダンスタイルと、ほっとしたいという思いがかけ合わさり、ホテルライクなシンプル&モダンへと帰結したようです。

ソファに対峙するようにレイアウトされた大型テレビ。休日にのんびりシアター感覚で映像を楽しめます。テレビ台は名古屋のインテリアショップ「REAL Style」にオーダーしたもの。

「カッシーナ」のソファ、「マラルンガ」。モダンを表現する作品としてニューヨーク近代美術館にもコレクションされています。

ガラスは、モダン空間を表現する素材。エッジなデザインながら、本を収納できる実用性もあり。「REAL Style」で購入。こちらもウォールナット材。

ごみ箱もぬかりなく、モダンスタイルに合うものをセレクト。モダン素材のひとつ、プライウッドでつくられています。「サイトーウッド」の商品。

living

節のほとんどないウォールナットの無垢材の床をセレクト。着色せずとも、美しいあめ色でモダンな空間によく合います。

ソファの後ろは、ワークスペース。手元が見えないよう壁で囲みつつ、上部はガラス。リビングともゆるやかにつながっています。

work room

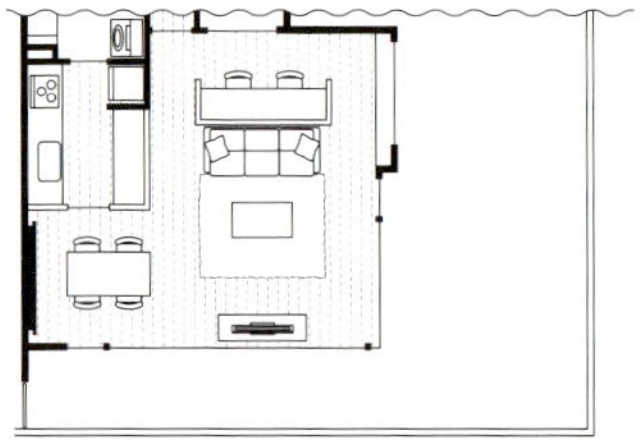

住まいのデータ

＊愛知県在住
＊夫婦２人暮らし
＊２ＬＤＫ（分譲マンション）
＊築10年（リフォーム後２年）

ものはたくさん置かず、厳選した雑貨をさりげなく飾っています。飾っているものが少ないほうが、かえってディスプレイが際立つというお手本のような飾り方。大小２つ合わせて飾ることで、空間に動きが生まれます。

ホテルのレストランの一角かと思わせるダイニングスペース。飾り壁の背面に取り付けた照明による間接照明で幻想的な雰囲気です。

新しいシステムキッチンだったので、扉材や換気扇など目立つものを交換するのみでモダンスタイルに合うキッチンに変身させました。

キッチンで使っているナイフスタンドはステンレス製、ワインラックはプライウッド製。シンプル＆モダンスタイルには欠かせない素材の雑貨をセレクトしています。スタイルをキープしていくためには、ひとつひとつのものを厳選することがポイントです。

kitchen & dining

西村邦宏さん・景子さん
夫婦２人とも医師。広い庭のようなバルコニーに惹かれ、このマンションの購入を決めました。とくに変えたいところはないほど、インテリアに満足しているそう。

キーアイテムで分かる

ヨーロッパ・アンティークstyleのルール

絶対にはずせないのがアンティークの家具。100年を経過した本当のアンティークではなくても、使い込まれたことによって生まれた味わいのある家具を置くことが、このスタイルへの近道。デコラティブすぎず、コンパクトなサイズが見つかるイギリス製のものが、日本では多く流通しています。

取り入れやすいかろやかなデザイン。1930年代・ポーランド(推定)。(写真提供:ロイズ・アンティークス青山)

オーク製のサイドボード。空間づくりの中心におすすめ。1930年代・イギリス(推定)。(写真提供:ロイズ・アンティークス青山)。

[アンティーク家具]

ヨーロッパ・アンティークとここではひとくくりにしていますが、実際は国によっても時代によっても、さまざまなインテリアスタイルが存在し、それらはまったく別のものです。例えば、日本でよく耳にするスタイルに、イギリスのジョージアンやヴィクトリアン、フランスのロココなどがあり、時代背景や特徴が異なります。でも日本でそのスタイルを忠実に再現することは難しいことですし、日本の一般的な内装にも合わせにくいもの。そこでヨーロッパの18～20世紀初頭のインテリアスタイルのエッセンスだけを、日本人の目線で、日本の暮らしに取り入れたスタイルをここではヨーロッパ・アンティークとして紹介しています。

このスタイルの共通項は、クラシックで格調高く、エレガントな雰囲気を感じさせること。フランスやイギリスにあるプチホテルやマナーハウスの内装がお手本です。ヨーロッパでは古いものを大事にする歴史があるので、このスタイルをつくるには、アンティーク家具をひとつは取り入れたいところ。エレガントさを感じさせるラインのものや布づかい、シャンデリア、花や植物柄のファブリックなどもマストアイテムでしょう。

葉をモチーフにしたデザインとガラスの飾りで、まさにエレガント。（写真提供：ローラ アシュレイ）

[シャンデリア]

こうこうと部屋全体を明るく照らすというより、空間にエレガントな雰囲気をもたらす照明をヨーロッパでは取り入れることが多いようです。なかでもシャンデリアの優美なデザインはぜひ取り入れたいところ。もともとはろうそくを光源に用いていたので、そのイメージの電球を使ったものが多くなっています。

[花・植物柄のファブリック]

ヨーロッパではインテリアファブリックに、花や植物柄を多く用い、永遠の定番となっています。カーテンやクッション、テーブルクロスなどで取り入れて。イギリスでは、アーツ&クラフツ運動を指導した、ウィリアム・モリスによる植物柄が人気を博したこともあり、とくに英国風スタイルには欠かせません。

テーブルクロスなら、気軽にいろいろな柄が楽しめるのでおすすめ。写真はP.48～の村田さん宅のコレクション。

ヨーロッパでは、柄on柄のファブリックづかいもスタンダード。柄を取り入れやすいアイテムであるクッションからはじめてみて。

たっぷりした布づかい

たっぷりとファブリックを使ってドレープを寄せたカーテンはまとめたときも、ボリュームがあって、エレガントさをかもし出します。

(写真提供：ローラ アシュレイ)

シンプル系のインテリアではカーテンにあまりギャザーを寄せなかったり、ロールブラインドを採用したりとフラットにする傾向があります。でも、ヨーロッパ・アンティークスタイルでは、たっぷりのギャザーやドレープを寄せて、窓や空間を優雅に着飾らせたいものです。窓なら上飾りを付けてさらにエレガントな雰囲気を演出するのも一案。

木をひねったかのように見えるバーリーシュガーツイストと呼ばれる脚の細工。17世紀後半くらいから登場しました。

エレガントなライン

優雅な雰囲気はこのスタイルには欠かせません。とくに家具の場合は、脚に注目。脚の形で時代や様式が分かるほど、さまざまなデザインが見つかります。猫脚をはじめ、曲線を取り入れたフェミニンなものだったり、彫刻や削りの技術による装飾をほどこしたものだったり。お気に入りのラインから家具を選ぶのも、おもしろいはず。

ロココの影響を受けた猫脚のビューロー。イギリス・1930年代(推定)。(写真提供：ロイズ・アンティークス青山)

ゆるやか曲線のフェミニンなデザイン。白にペイントした家具も魅力的。(写真提供：ローラ アシュレイ)

アイアン

内装自体に手を入れられなくても、小さめのペンダントなどからアイアンワークのものを取り入れてみるのも手です。

アイアンによる装飾をガラス窓にはめ込んだ事例。アイアンが描く曲線が美しく、ヨーロッパ・アンティークスタイルによく合います。

アイアン(ロートアイアン)を使った家具や装飾品をつくる技術はヨーロッパで長い歴史を持ち、その時代に合わせたデザインが発展してきました。天蓋つきのベッドや階段の手すりなどに採用されることが多いのですが、キャンドルスタンドや照明、ワインラックなど小さいものもあるので、そのあたりから取り入れるのもよいでしょう。

ヨーロッパ・アンティークなショップガイド

ローラ アシュレイ 表参道店

イギリス発のライフスタイルショップ。上品なプリントのファブリックデザインで人気ですが、家具、照明、雑貨なども豊富。インテリアをトータルにサポートしてくれます。アンティーク家具は扱っていませんが、伝統的な様式にのっとったデザインなので、ヨーロッパの雰囲気づくりに一役買ってくれます。

重厚感漂うクラシカルなデザイン、フェミニンなフランス風など、幅の広い品揃えが魅力。旗艦店である東京・表参道店ほか、全国に70店近い店を構えます。

白くペイントした家具も豊富なので、ヨーロッパスタイルのなかでも、かろやかな雰囲気を出したい人にはぴったり。チェスト14万9000円。

東京都渋谷区神宮前 1 -13-14 原宿クエスト 2 F ☎03- 5772-6905 www.laura-ashley.co.jp 11:00〜20:00 不定休

フラマン

ベルギー発のインテリアショップ。フランスはじめヨーロッパで人気があります。ヨーロッパのエレガントな雰囲気を、シックにつくり上げたいなら、ぜひチェックしておきましょう。家具はすべて新品ですが、アンティークスタイルに合うデザインのものばかりです。照明、雑貨、器なども揃います。

彩度を押さえた色合わせがシックです。部屋をイメージさせるコーディネートは参考にしたいところ。

店頭でディスプレイにも使われている大型の書棚。ベルギーからの取り寄せ（参考商品）。

東京都港区南青山 5 -11-10 南青山511ビル 2 F ☎03-6419-8314 www.flamant-japan.jp 11:00〜20:00 火・水曜定休

ロイズ・アンティークス青山

20年以上、日本でヨーロッパのアンティーク家具を紹介し続ける定番ショップ。重厚で正統派のイギリスアンティーク家具が豊富で、さらに北欧やモダンまで取り揃えているので、ミックススタイルにチャレンジしたい人にもおすすめ。古いものもきっちりメンテナンスされているので、安心して購入できます。

重厚でクラシックなアンティーク家具が置かれたコーナー。空間の主役になりそうな、自分だけの１点に出合えます。神戸、福岡などにもショップあり。

何と1860年、19世紀につくられたテーブル（推定）。質実剛健ながら、手仕事の美しさが印象的です。12万6000円。

東京都渋谷区神宮前 3 - 1 -30 ☎03-5413-3666 www.lloyds.co.jp 11:00〜19:00 不定休

ヨーロッパ・アンティークstyle

村田さん宅

植物柄の壁紙がフォーカルポイントとして空間を引き締めています。ソファにはクッションをたくさん並べ、くつろぎのコーナーに。

ソファを2台置き、そのコーナーにテーブルを配置。スタンドライトを置き、プレートなどを飾る手法は、ヨーロッパの家庭でよく見られます。

living

日常使う細かい文具や書類がすべて収納できるライティングデスク。蛇腹の扉を閉めることで生活臭を感じさせずにすむ、便利な家具です。

ヨーロッパのプチホテルのような、英国的コージー空間

山のリゾート地を思わせる、自然に囲まれた環境に惹かれ、2010年、首都圏の郊外に2世帯住宅を建てた村田さん夫妻。せっかく一からの家づくりができる、またとない機会なので、2人ともが共通して居心地がいいと思える、英国風のアンティークスタイルの内装を取り入れました。

インテリアの中核をなす英国アンティークのあめ色の家具は以前の家でも使っていたもの。イギリスらしい質実剛健さと、ヨーロッパらしいエレガントさを兼ね備える家具です。「私はロココ調の猫脚の家具も好きなのですが、夫の好みとも調整してこのスタイルになりました」。フェミニンすぎず、男性も落ち着ける空間で、まさにお2人が目指すコージー（居心地のいい）な住まいです。

家具や照明といったアイテムはもちろんですが、村田さん宅をより特徴づけているのは、壁紙のセレクション。ビニールクロスでなく、最近流行している塗り壁でもなく、ニュアンスのある壁紙を選んだのは、何度も旅したヨーロッパでは壁紙がスタンダードだと感じていたから。そのセレクトは大成功。おかげでヨーロッパのプチホテルと見まがうような、上質な住まいが誕生したのです。

壁紙はクリームイエローを採用。ホワイト系の壁を見慣れているととても新鮮で、ヨーロッパ的雰囲気を感じるから不思議です。テーブルは以前「ロイズ・アンティークス」で購入。

ダイニングにある小窓はキッチンとダイニングをつなぐためのもの。閉めれば料理中のにおいや油煙がダイニングまで流れ出ません。

20年も使っているという食器棚は、「ロイズ・アンティークス」で購入。右はグラス類、左は陶磁器と見せることを意識した収納です。

conservatory

新しく家を建てるにあたって、ぜひとも設置したいと思っていた薪ストーブ。そのために、リビングからつながるコンサバトリー(温室)的場所を設けました。

コンサバトリーの壁には、無垢のパイン材を採用。リビングとはがらりと雰囲気を変えました。黒のスチール製のウォールライトが温かな雰囲気をつくります。

dining

スタンドライトと、窓に設置したローマンシェードのファブリックは同じもの。「ローラ アシュレイ」で購入しました。ライトのほうは以前の家から使っていたそうですが、今回、ローマンシェードをオーダーするときも同じファブリックが見つかりました。

「小花柄より、大きい植物柄が好きなのかも」と村田さん。寝室にはウィリアム・モリスがデザインした壁紙を貼りました。ベッドリネンも植物柄です。

bedroom & etc.

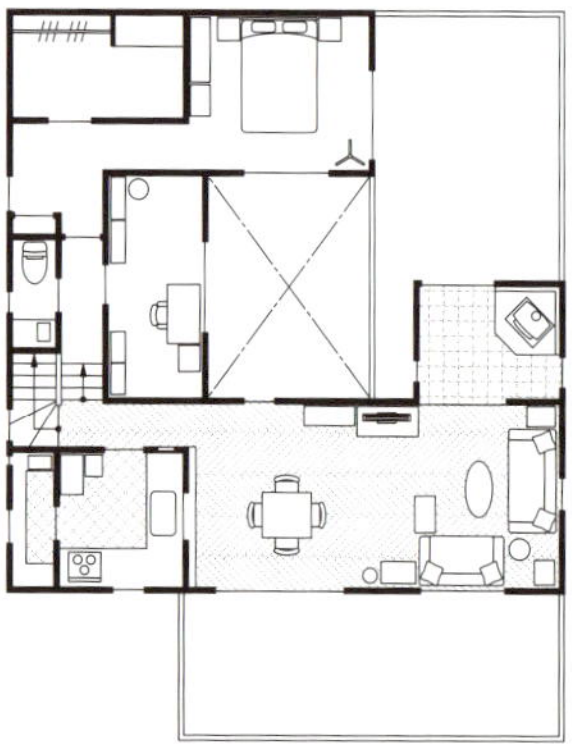

住まいのデータ

＊埼玉県在住
＊夫婦２人暮らし＋猫２匹
＊２LDK（２世帯住宅の生活スペース）
＊築１年

村田順子さん
マンガ家。女性マンガ雑誌で活躍。エッセイマンガのおもしろさにも定評あり。近著は英国式マナーを紹介する『世界に通用するマナーを教えてさしあげます！』（PHP研究所）

生活スペースとは別にあるアトリエに付随したアシスタント宿泊用の部屋。こちらにも植物柄の壁紙を採用。少し落ち着きのある柄です。

トイレにも、柄の壁紙を採用。１面と天井だけに限定したので重くならず、おしゃれに見えます。イギリスのメーカーの商品をわざわざ取り寄せたそう。

旅の思い出もインテリアに

パリののみの市で見つけたリキュールグラスとボトル。旅先でアンティークショップを見て回るのが大好きなのだそう。思い出といっしょに持ち帰ります。

日本茶用のティーカップ

イギリスの陶磁器メーカー「ウェッジウッド」がつくるジャパニーズティーカップ。これなら、パーティーの後に日本茶を出しても、雰囲気は英国的なままです。

シノワズリーを取り入れる

ヨーロッパのインテリアではシノワズリー（中国的）なものをさりげなく使います。村田さんも中国で購入したアンティークパネルをコンセント隠しとして活用。

村田さん宅のヨーロッパ・アンティークstyleを盛り上げるディテール

あこがれのヘリンボーン貼りの床

ヨーロッパではよく見かける床材のヘリンボーン貼り。「あこがれていたので、採用を決めました」。ヨーロッパに流れるシックな空気感をもたらします。

スタンドライトのあるコーナー

天井灯だけだと光が平板になってしまうので、ロンドンで購入したライトも併用。ぐっとくつろげる雰囲気が生まれます。雑貨も飾って魅力的なコーナーに。

イギリスの茶道具でティータイム

手前はイギリス取材時に見つけたアンティークのティーストレーナー。奥は陶磁器メーカー「ロイヤルクラウンダービー」のカップ。優雅な時間が過ごせます。

キーアイテムで分かる

カントリーstyleのルール

丸みのあるフォルム

背もたれやアームのボリューム感、チェック柄もアメリカンカントリーの雰囲気。（写真提供：アントステラ）

木を回転させながら削る装飾「ターンドレッグ」。「スピンドル脚」「ろくろ脚」という言い方も。

そもそもは「田舎暮らし」の住まい方であるカントリースタイルは、ものがなくても手づくりで工夫するところに原点があります。人の手で生み出される過程から、手なじみのいい曲線的な形が生まれてくるというわけです。家具はもちろん、陶器や布製品もどっしりと厚み、重みのあるものが多いのも特徴です。

インテリアのスタイルで「カントリー」という言葉から想像されるイメージは、「自然でぬくもりのある雰囲気」。でも、一口に「カントリースタイル」といっても、大きく分けて、「アメリカンカントリー」「ブリティッシュカントリー」「フレンチカントリー」などがあり、さらに地域性や時代によってもさまざまです。

代表的な「アメリカンカントリー」は、ドラマ「大草原の小さな家」に代表されるような、アメリカ開拓時代の力強さを持ったスタイルです。素朴に仕上げた木の家具に星条旗の色である赤や青など強い色を合わせたラフな雰囲気が人気になり、トールペイントやパッチワークなど、アメリカンカントリースタイルを象徴するハンドメイド人口も増えました。最近では、白や生成りを基調にした、フェミニンな「ナチュラルカントリー」スタイルがそれに並ぶ存在となりつつあります。

すべてのカントリースタイルに共通するのは、「自然とともに暮らす」という、カントリーライフにつながる手づくり感です。そこには、自然素材の家具やファブリックを使い、自然に寄り添う優しさがあふれる空間が広がります。

パイン材の家具

節のあるパイン材にアンティーク加工をしたチェスト。真ちゅうの取っ手もカントリースタイルにマッチ。(写真提供：モビリグランデ)

通常、家具には節がない木材がよいとされますが、パイン材はその節がラフで素朴な雰囲気をつくり出すので、カントリースタイルでは人気。オイルを塗ったり、手で触ったりすることで、年月を重ねてあめ色に変化していくのも魅力。家具についた傷も含めて、ともに暮らし、成長していく、自然に近い生きた素材として存在しています。

(写真提供：モビリグランデ)

あめ色のつやはパイン材の中のヤニが焼けることで出てくるもの。木が生きていることを感じさせます。(写真提供：アントステラ)

ホーローのキャニスター

キャニスターとは小麦粉、砂糖などの食材を入れるふた付きの容器。カントリースタイルでは、ホーロー製のものが定番アイテムになっています。アンティークも人気が高く、現行品にもさまざまな形や色があります。入れるものの名前がフランス語や英語で書いてあることが多く、そのかわいらしさがカントリースタイルを盛り上げます。

定番的な白。アンティーク風の仕上げをした現行品も人気です。(写真提供：カントリースパイス)

中身を入れて実用品として使うのはもちろん、飾りとしても絵になります。(写真提供：カントリースパイス)

右）「赤毛のアン」のお話にも登場する三つ編みマット。細く割いた布を三つ編みにしてできています。(写真提供：アントステラ）左）円形の布のまわりを縫って絞ったパーツを縫いつないでいくヨーヨーキルト。はぎれで簡単に作れるところが初心者にも人気です。

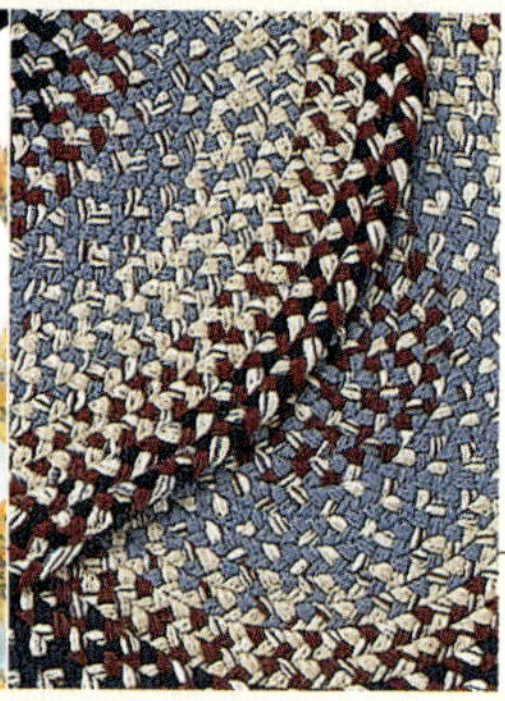

［パッチワーク・キルト］

小さな布のはぎれを縫い合わせてつくるパッチワークは、まさにカントリースタイルを象徴するファブリックです。開拓時代のアメリカで、わずかな布を再利用するために行われたひと針ひと針の手仕事。ヨーヨーキルトや、三つ編みのマットなど、小さな布をつないで小物を作る技法はいくつも存在します。

パッチワークのなかでも、間に綿を挟んだパッチワーク・キルトのベッドカバーは原点といえる存在感。(写真提供：アントステラ）

右）古きよき時代のアメリカの日用品店をイメージした家具コレクション。ここにもざっくりしたペイントが採用されています。(写真提供：アントステラ）上）古い木のフレームを自分でペイントした例。つや消しのペンキを選んで、刷毛につけすぎず、かすれたように塗るのがポイントです。

［ラフなペイント］

カントリーの家具は素朴な手づくり感がポイント。木材に色をつけたカラー家具は、つやのないマットなペイントが一般的です。手づくりっぽさを感じる少しかすれた仕上げや、使い込んだ雰囲気に見えるはげてきたような風合いに仕上げてあるものもあります。自分で塗る場合でも、ちょっとラフな仕上げを意識してみましょう。

［ガーデニンググッズ］

自然とともに暮らすカントリースタイルでは、外の雰囲気をインテリアに取り込むのも大切な要素になっています。花やグリーンを飾るのはもちろん、ガーデンファニチャーを室内で使ったり、ガーデニンググッズを飾ったり、自分なりのアイディアでさまざまな工夫ができます。テラコッタやブリキの素材感もこのスタイルにマッチします。

鳥かごは人気のディスプレイアイテム。鉢植えグリーンの置き場所にも最適です。(写真提供：アントステラ）

耐久性のあるブリキの質感はカントリーのイメージにぴったり。写真はジョウロ型のフラワーポット。(写真提供：カントリースパイス）

カントリーなショップガイド

アントステラズ カントリーストア

日本でのアメリカンカントリーブームの主役ともいえるブランド「アントステラ」のショップ。クッキーのお店に端を発し、お店で使う家具や雑貨を輸入・販売し始めたという歴史があります。オリジナル商品が豊富で、約3000のアイテムが詰まった店内はカントリーファンならぜひ一度は行ってみたい場所です。

左）アーリーアメリカンの魅力にあふれたアイテムが満載の店内。右）パイン材の家具「ペンシルバニアハッチ」（18万6900円）。

紙製の「HOME SWEET HOMEラウンドボックス3個セット」（8925円）。収納ボックスとして活躍。

埼玉県川越市下松原206-1　☎049-246-3956　auntstella-interior.jp　10:00〜17:30　不定休

モビリグランデ

大阪の住宅街に建つ3階建てのショップ。フレンチカントリー家具を中心に、コーナーごとにつくり込んだディスプレイは見応えがあり、部屋づくりの参考になります。アメリカンカントリーとはまた違うヨーロッパの優雅でロマンチックな世界も楽しめます。リフォームの相談まで受けている幅広さも魅力です。

リビングダイニングをトータルでイメージできるディスプレイ。店内は820㎡の広さで、子ども用の家具も充実。

上）日本製のガラスのシェードが人気。（1万2600円）。左）シャビーなフランス家具「SOLEナローキャビネット」（10万7100円）。

大阪府池田市満寿美町11-20　☎072-751-4701　www.mobilegrande.com　10:00〜18:30　火曜定休

カントリースパイス

雑貨屋さんの街として知られる東京・自由が丘にある定番ショップ。以前はアメリカンカントリーの雑貨がほとんどでしたが、最近はフレンチテイストの小家具からアクセサリーなどのファッションアイテムまで幅広く取り扱っています。ずっと変わらないのは「心の温まるもの」がそこにあるということです。

充実したガーデニンググッズコーナー。他にもたくさんの雑貨が詰め込まれた宝箱のようなショップです。

上）高級感のある美しい木目をもつシーシャムウッド（紫檀）のオープン棚。「W.Sディスプレイシェルフ」（6万900円）。左）荷造り用のはさみとひもがまとまったストリングタイディーはカントリーの定番。

東京都世田谷区奥沢7-4-12　☎03-3705-8444　www.country-spice.co.jp　11:00〜19:00　水曜定休

カントリーstyle

山田さん宅

好きな色は赤と青。リビングではソファとカーテンに使いました。アメリカンカントリーらしい星条旗カラーはいつもベースにあります。

古い足踏みミシンを実家から持ってきてディスプレイ。窓枠も実家の蔵で眠っていたものをピンク色にペイントして飾っています。

リビングと和室の間にはめ込んだステンドグラス、木のディスプレイシェルフ、チェックの布を使ったファブリックスクリーンなどもすべて自作です。

左のピンクの窓枠と同じものをブルーにペイント。「雑に塗るのがポイントです」とペンキ塗りは賃貸のときからお得意の山田さん。

living

愛情かけたハンドメイドが生きる、カントリースタイル

月に5日間だけ、手づくりのお菓子とお茶をふるまう自宅カフェをオープンしている山田さん。リビングダイニングは、お客様との交流の場にもなるので、カフェの期間の前には必ずどこか模様替えをし、いつも新鮮な目で自宅を見つめています。

ご主人の転勤であちこち引っ越しを繰り返して、今のこの家に落ち着いたのは10年前。その前の賃貸住宅に住んでいた頃から、壁を塗ったり、ふすまを張ったりとDIYが得意で、住まいのリフォームはつねに自分の手でやっていたそう。「癒やされる、落ち着くといった雰囲気よりも、元気になって、やる気が出るようなインテリアが好き」と、アメリカンカントリーに出合ってからは、本格的な工具も手に入れて、家具も次々に手づくり。その知識と技術はTV番組でも紹介されたほどでした。カーテンやカーテンボックスはもちろん、室内に巡らせた腰壁やしっくいまで、自分の手でつくり上げたというのには驚きです。

そんなハンドメイドの空間で赤いチェックやアンティークのキルトなど、お気に入りのものに囲まれている暮らしは、山田さんにとって、明日を元気に過ごすエネルギーの源になっています。

kitchen & dining

キッチンはコーヒー、紅茶まわりのアイテムでかわいらしく。カフェカーテン越しに見える外のグリーンに心が和みます。

キッチンの雑貨は大好きな赤で統一。学生のときにも、カラーボックスやテーブル、炊飯器などを赤いもので揃えていたそう。

ゆったりしたダイニングスペース。家族団らんの場であり、お客様を迎えるスペースでもあるので、明るい雰囲気を保っています。

ガラスジャーやホーローのキャニスターなどが並ぶキッチンカウンターの上の棚。これらの設計から取り付けまで1人で行うというから驚きです。

木枠を自分で取り付けたダイニングの出窓。自宅カフェオープン時は、作家さんの作品のディスプレイコーナーにもなります。

右）お庭には大作のパーゴラベンチ。窓を付けたり塗り替えたりと少しずつ手を加えて今の形に。まわりのアイテムは、骨董市で買ったものと、実家で探し出したものがミックスされています。左）ガーデニングにも手抜きはなし。植物の手入れに加えて、テーブル＆チェアなどのしつらえにもつねに工夫をこらしています。

お手製のウィンドーボックスにはニチニチソウが咲いていました。ここは季節に合わせて植え替えています。家の中から眺めても窓辺の花は幸せな気分を届けてくれます。

garden

カントリースタイルのガーデンには欠かせないバラの花が満開。出窓のまわりに咲く、うっとりするようなピンクのバラは「スパニッシュビューティ」。

カーテンボックスなど、パイン材の家具はトリマーという電動工具でつくります。麦のモチーフを彫るのもお手のものです。

和室の天井照明は使わず、吊るすディスプレイ空間に。100円ショップのかごをアンティーク風に塗ることもあるのだとか。

relaxing room

和室も洋室にリフォーム。畳の上にクッションフロアを敷き、ラタンのテーブル&チェアを置いて、押し入れはキルトで目隠し。

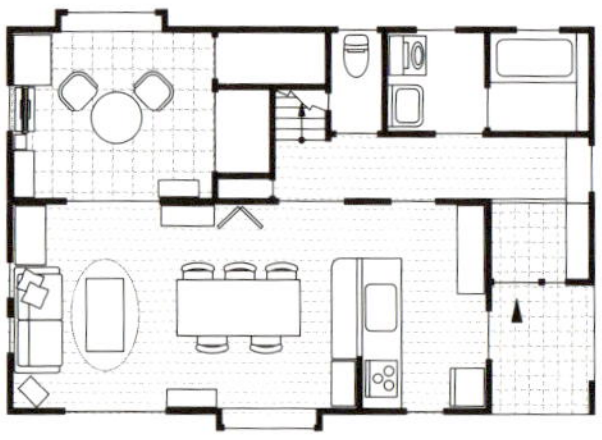

住まいのデータ

＊群馬県在住
＊夫婦、娘との３人暮らし
＊４LDK（一戸建て）
＊築10年

山田千佳さん
ガーデニングやハンドメイドに奮闘しつつ、月に５日間だけの自宅カフェをオープン。
ブログ「handmade* カフェ Sweet House」
blogs.yahoo.co.jp/sweethouse_chika

右）近所のホームセンターでいつも買うのはＳＰＦ（スプルースパインファー）材。これで腰板もぐるりと部屋１周取り付けました。中）しっくいの材料はインターネット通販で吟味して購入。真夏の暑いときに、１人で１日かけて、全部塗ってしまいました。左）物入れの扉は大胆に板を打ち付けて隠しました。木枠はもとの造作を生かしています。近くで見なければわからない完成度！

色のきれいなドライフラワー

壁にかかったドライフラワーがナチュラルな雰囲気を演出。「自分でもつくりますが、きれいな色のものが欲しくて、カントリーのイベントで買うこともあります」。

お気に入りのファイヤーキング

コレクションしているファイヤーキングのカップ＆ソーサー。アメリカンカントリーを代表するアイテムです。カフェのときはこれでお茶を出しています。

アイアン雑貨が引き締め役に

このランプのほかにも、ワイヤーバスケットなど、アイアンアイテムもところどころに。落ち着きのある黒が色の多い空間で引き締め役として存在しています。

山田さん宅のカントリーstyleを 盛り上げるディテール

ずっと大好きな赤いチェック

赤いチェックとのおつきあいは古く、学生の頃から好きだった自覚があるそう。カントリースタイルには「バーンレッド」という深みのある赤を選びます。

家のなかにいても外を感じられる

ブリキのバードハウスをさりげなくディスプレイ。ほかにもランタンなどのガーデンアイテムがあちこち飾られ、外と内をゆるやかにつなげてくれています。

あめ色に育つ柳のバスケット

木製からアイアンまで、たくさんのバスケットが飾られた山田さん宅。あめ色に近づく柳のバスケットは、この家のゆったりした温かい雰囲気を物語ります。

キーアイテムで分かる

カフェstyle のルール

カフェに行くとつい目がいってしまうところが、スイッチプレートやドアノブ。小さなところにまで店主のこだわりを感じて、楽しくなってしまうものです。住まいでも同じこと。毎日ふれるところですから、小さなところにもこだわり尽くすと、住まいへの愛おしさが増し、カフェ的居心地のよさを生んでくれます。

［こだわりのパーツ］

左）スイッチプレートの交換は、リフォームをしなくても賃貸住まいでもできるのでおすすめ。右）配線を壁に埋め込むのではなく、あえて外にむきだしに。そのラフさがカフェっぽい！

［カウンター］

カフェを象徴するのがカウンターという存在。カフェスタイルを目指すなら、何はなくてもカウンター的なものは必要です。造り付けである必要はなく、キッチンの前のスペースにカウンターのように使える家具を置き、使いやすいように棚を置いて器やツールを並べればOK。実際、日々の食事の準備にも役立ちます。

見せる収納

天井と床の間に設置する遊び心のある棚に雑誌や本を並べて見せる収納にしても。（写真提供：パシフィック ファニチャー サービス）

作業効率をよくするという実用の意味合いもありますが、カフェでは食器やキッチンツールなどをオープン棚にそのまま収納することが多く、見せる収納が実践されています。こだわって選んだものがパッと目に入るので、インテリアを楽しくすることにつながります。ぜひ真似してみて。

カウンターの上にあるのは昔の薬局で使われていたガラスケース。まさにカフェ的アイディア。

不揃いの椅子

カフェスタイルには、既成概念を持ち込まないというのも、ひとつのルール。お気に入りであれば、椅子は全部同じもので揃っている必要はありません。とはいえ、適当に集まったものを使うのではなく、家主の好きという気持ちが重要。それがあれば、素材や形が違っても、必ずハーモニーが生まれます。

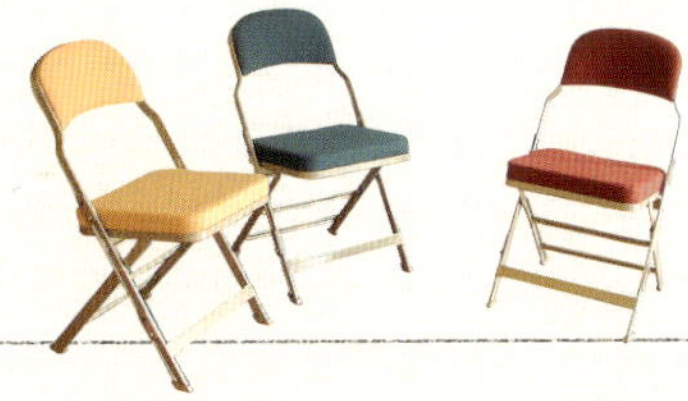

右）肘かけがあるこのタイプならダイニングでもゆったりくつろげます（写真提供：カリモク60）。下）同じ椅子でも座面の色を変えて動きを出すのも楽しい（写真提供：パシフィック ファニチャー サービス）。

'90年代後半、カフェが文化として若者の間で注目を浴び、カフェのインテリアがスタイルとして認識されるきっかけになりました。当時、人気があったカフェには、拾ったりもらったり、中古家具屋で売られているような家具だったりが並び、好みの雑貨が飾られ、まるで好きなものばかりを集めた友人の部屋を訪ねたかのような空間だったのです。

一方で、根強い人気があるフレンチテイストや、アメリカンダイナー、カウンターバー的なカフェもあるので、カフェスタイルと一口で言ってもさまざまです。

そこに共通するのは、肩の力を抜いて、ほっとくつろぐ時間。じつはカフェスタイルは、空間がかもし出す心地よさが共通項なのです。好きなものがたくさん集まった空間で、住人も、訪れる友人もなんとなくのんびりとくつろいでしまう、そんな住まいです。

それでもカフェスタイルのルールは存在します。カウンターや見せる収納はマストアイテムでしょうし、ゆったりくつろげるソファもはずせません。でも何より、スタイルにとらわれずに自分の好きなものにこだわるというのが最大のルールでしょう。

ラウンジ系ソファ

テーブルと合わせてソファダイニングなスペースにするとカフェっぽい！（写真提供：パシフィック ファニチャー サービス）

ソファもカフェスタイルにおいて、はっきりこれ！というものはありません。堅苦しくなく、自分がくつろぎやすいものであれば、なんでも構わないのです。強いていえば1960～70年代のちょっとレトロな家具が一時期カフェでよく使われていたので、その時代を感じさせてくれるものはいかがでしょう？

カフェで「カリモク」の中古家具が使われ、人気に。その後、復刻されたものも。（写真提供：カリモク60）

建具

古いビルのドアや窓の雰囲気をそのまま生かしたような内装のカフェも人気があります。そのテイストを模した建具や、海外の家の建具を再現してつくったものを使うとカフェ的内装にぐっと近づきます。家の解体時などに出た昭和の建具はインターネットでも多く見つかるので、それらを使うのも一案です。

古家具&古雑貨

右）中古家具屋で見つけたアイアンの棚。さびも味ととらえ、あえてインテリアに取り入れる人が増えています。下）祖母宅にあった茶だんすや、青空市で見つけた机を使った事例。古い家具がもたらす空気感をカフェ的ととらえています。

カフェブームのとき、アンティークやヴィンテージと呼ぶほど価値はないけれど、味わいのある古家具や古雑貨を使う店がたくさんありました。それは、自宅のインテリアづくりにも新たな視点をもたらし、実家にあったものや、中古家具屋で見つけたものにおもしろさを見出し、住まいでも使われるようになりました。

カフェなショップガイド

トラック

カフェ好きな人から熱い支持を受けるインテリアショップ。家具はすべてオリジナルで職人の手によってひとつずつつくられています。質感のある無垢の木、素材感のある革やファブリックなど、使い込むことで味わいが増す、質のよさを感じさせる家具です。独特のゆるい空気感をもたらしてくれるデザインも魅力。

左）くつろぎの空気までいっしょに運んでくれそうなソファ16万7580円。張り地によって値段は変わります。右）ナラの無垢材を使ったシェルフは存在感満点。26万7750円～。

上）味わいある革を張ったソファ。長く使い込むことで、〝育てる〟ことのできる家具です。31万6050円。下）一度座ったら身動きがとれなくなりそうなくつろぎ度。1.5人掛けサイズを占有する心地よさは病みつき！ 24万6750円。

大阪府大阪市旭区新森6-8-48　☎06-6958-7055　www.truck-furniture.co.jp　11:00～19:00　火曜、第1・第3水曜定休

パシフィック ファニチャー サービス

シンプルだけれど力強いオリジナル家具と、セレクトした輸入雑貨が揃う店内。ずっと変わらぬ独自の個性を感じさせるショップです。カフェをイメージさせる家具も多いのでチェックして。リフォームや家づくりも依頼可。近くにある系列店「パーツセンター」では、ディテールを盛り上げるパーツが見つかります。

左）質実剛健でモダン。新鮮なデザインの家具が並ぶ2階スペース。デスクは16万8000円。右）ソファ横サイドテーブルは2万9400円～。

脚の金具がアクセントになっているテーブル。天板と脚は取り外すことができ、脚は折り畳めるので運搬、収納にも便利です。19万4250円。

東京都渋谷区恵比寿南1-20-4　☎03-3710-9865　www.pfservice.co.jp　11:00～20:00　火曜定休

カリモク60

愛知県の家具メーカー「カリモク」。1960年代につくられていた家具のなかから、普遍的なデザインのものを集め、ブランド「カリモク60」が立ち上がりました。その家具が一堂に会するショップです。カフェで人気を博したソファなどが見つかります。カフェスタイルの参考になるので、家具の組み合わせ方にも注目。

東京のららぽーと内にある店舗。どこか懐かしい、でも今の暮らしにぴったり寄り添う家具が揃います。カフェスタイル向きの器も。兵庫県西宮にも店舗あり。

カリモク60のアイコン的存在の1人がけソファ。3万2550円。当初は応接間で活躍していたと思われるソファが、今ではカフェ的空間をつくります。

東京都江東区豊洲2-4-9 ららぽーと豊洲1F　☎03-6910-1200　www.karimoku60.jp　10:00～21:00　不定休

カフェstyle

永野さん宅

好きなものを詰め込んだ居心地よさが、カフェスタイル

カフェ、雑貨屋、青空市などが昔から大好きな永野さん。あちこちこまめに出かけては、気にいった家具、古道具などをコツコツ買い集めていたのだそう。「新しいか、古いか、日本のものか、海外のものかは問いません。手ごろな値段のもので自分がいいなと思うものを手に入れます」。リフォームしたらぜひ使いたいと思ってしまっておいたものなどをリフォームを担当するデザイナーに見せ、自分のつくりたい空間のイメージを伝えていきました。

カフェっぽいおうちにしたいというのが、永野さんがデザイナーに伝えた言葉です。「カフェにはオーナーそれぞれが思い描いたコンセプトがあって、それが居心地のよさにつながっていると思うんです。だから私も自分の好きなものを詰め込みました」。好きなものがたくさんある〝居心地よさ〟。それが永野さんにとっての、カフェスタイルの定義です。

〝永野さんちのカフェ〟は、こうして誕生。友だちを招いてもてなしたり、家族だけのときもカフェっぽさを演出してごはんを食べたり。おうちカフェを日々、実践中です。やってきた友だちが昼寝までしていくというほど、くつろげるカフェ的空間になりました。

上）勉強机は名古屋の大須観音で行われる骨董市で購入しました。「壁を飾るのは本当に難しいので、とっても悩みました」。下）ジャンクな古道具の、さびた感じの味わいがカフェ的雰囲気を盛り上げます。飾りすぎず、〝間〟をつくるところにセンスが。

結婚式のウェルカムボードを玄関に。流木や木の枝をキャンバスパネルに貼って友人が手づくりしてくれたそう。

living

アンティーク風仕上げの無垢オーク材を床に。使い込まれたような味があり、カフェ的空間をつくるのに一役買っています。

ゆるりとした空気が流れる永野さん宅。ＬＤＫをワンルームでつなげてしまっているので、広々。ソファは「トラック」で購入。

リフォーム時、クロスをはがしたらきれいな状態だったので、梁はクリア塗装だけで仕上げました。ラフな仕上げもカフェっぽさを演出してくれています。

キッチン前のカウンターが〝永野さんちのカフェ〟の主役。料理する永野さんとお話していると本物のカフェにお邪魔したような気持ちに。

右）キッチンシンクの下はフルオープン。「掃除がしやすくて気に入っています」と永野さん。ここでも、あちこちで購入した古道具が活躍しています。木製ののり箱は湿気に強いので、米びつとして利用。左）新品あり、古道具屋で買ったデザイナーのものありと、バラバラな椅子が楽しい。決め込まない〝ゆるさ〟が永野さん宅の魅力。

kitchen & dining

見せる収納はカフェ的雰囲気をつくるためには欠かせないワザ。右下）キッチンとリビングの間に置いた茶だんすの上にはスパイス類を収納。大きなバットにまとめてすっきりと。左）シンク上のオープン棚は手が届きやすいので、器やボウルを見せつつ収納。詰め込みすぎないことが、美しく見せるコツ。左下）ポールにはキッチングッズを吊るして。S字フックはワイヤで手づくりしました。

カウンター下をキッチン側から見たところ。電源もなかにあるので、外に出したくない家電も収納できます。出し入れしやすいので、普段づかいの器はここに。

右）昔風な水栓金具、素朴でシンプルなシンク、足場板材を使った棚。洗面回りまできっちり、思い描いたスタイルをつくり上げました。缶詰の缶にグリーンを飾るなど、生活感が出すぎないようにしています。左）かすれた感じのペイントがかわいい建具。ドアノブもキュート！ 床には小さい円形のタイルを貼りました。

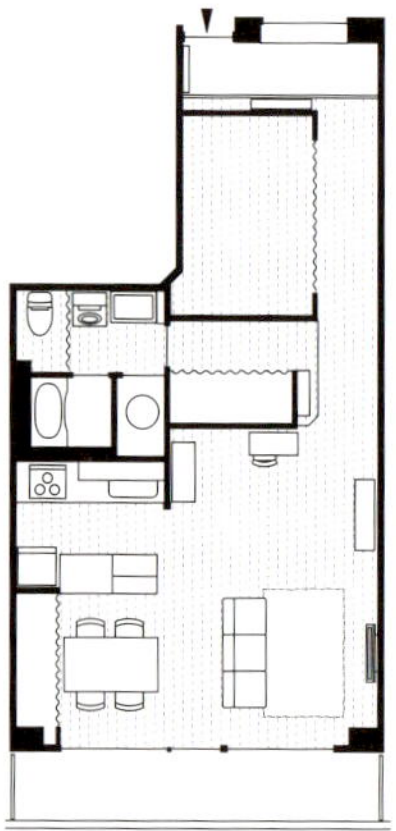

住まいのデータ

＊愛知県在住
＊夫婦と２人の子どもの４人暮らし
＊１LDK（分譲マンション）
＊築21年（リフォーム後半年）

永野里奈さん
パン屋さんで働く主婦。夫の実家であった中古マンションを名古屋のリノベーション会社「リノキューブ」（P127参照）に依頼し、一から造り替えました。

sanitary

洗濯機上にもオープン棚を設置。洗剤は洋酒のボトルに詰め替えたり、かごや缶を使ったりして、生活感のあるものを隠しています。

郵便ポストを植木鉢に!?

実家で不要になった郵便ポスト。土を入れてなんと植木鉢として活用。柔軟な発想とセンスさえあれば、お金をかけずとも、おしゃれに暮らせるという見本です。

カーテンレールに花を飾る

花やグリーンをあちこち飾っている永野さん。これは、カーテンレールのリング部分にボトルをひっかけています。小さい子どもがいても真似できるアイディア。

工事現場の足場板で飾り棚

使い込んだ古材の質感を取り入れたくて、壁に設置してもらった飾り棚。永野さんが集めた雑貨類が映えるディスプレイスペースになりました。

永野さん宅のカフェstyleを盛り上げる〝飾る〟ワザ

計算ずくの〝さりげなさ〟

携帯で撮った写真をプリントするとちょっとレトロで雰囲気よく仕上がるのだとか。外国の古い印刷物などといっしょに壁に飾りました。ラフに見せるのがコツ。

グリーンの飾り方にもひとひねりあり!

トマトの水煮が入っていたパックを鉢カバーにし、玄関の靴棚の上に飾っています。水にも強いので、使えるアイディアです。

ジャンクなポテトボックスに飾る

リビングのテレビの横に置いたポテトボックスを、ディスプレイスペースに。適度に古びたジャンクな道具類を上手に使っています。

パーティのときはカウンターやテーブルに料理を並べてもてなします。友人たちは思い思いに居場所を見つけてくつろいでいるのだそう。

気軽なカウンターと、ゆったり座れるダイニングテーブル。そのときどきの気分や集まった人数に合わせて使い分けます。

カフェstyle

齋藤さん宅

dining

アメリカンダイナーを彷彿とさせる、夜カフェ的インテリア

料理が得意で、人を招くのが大好きという齋藤さん。家に大勢の人が集まるので、リフォームを決めたときも、「ホームパーティがしやすいように」という希望が、まず最初に出てきたそうです。

齋藤さん宅は、仕事帰りの人たちが深夜に三々五々集まってきて、のんびりお茶をしたり、お酒を飲んだりするような〝夜カフェ〟的雰囲気。実際にあたかもカフェかのように、友人たちが集うのだそう。「外で食事をして、カフェで〆るかわりにうちに来るってこともよくあります」。ニューヨーク暮らしが長かったご夫婦だけに、アメリカンダイナーのようなタッチもプラスされ、居心地のよさ満点です。

このスタイルをつくり上げることができたのは、リフォームを依頼した「パシフィック ファニチャー サービス」の力が大きいと齋藤さん。「照明とかタイルとか、スイッチプレートとか。私が気がつかないような提案がいろいろありました。でも暮らしてみると、そのディテールこそが大切なんだと感謝しています」。

友人たちが集まることで生まれる親密な雰囲気と、細部へのこだわり。これこそ、カフェスタイルの好例といえるでしょう。

ゆるやかに仕切られているだけなので、カウンター側でくつろぐ人、ソファでくつろぐ人が自然につながっていられる間取りです。

オープン棚による〝見せる収納〟はカフェ空間をつくるのには欠かせません。リビングとの境界線になっている仕切り壁に造り付けています。

living

& etc.

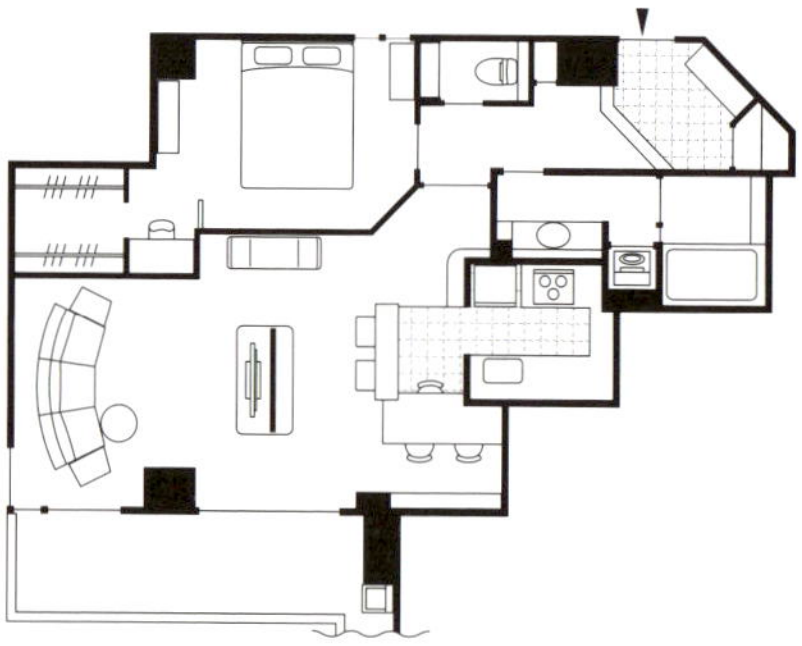

住まいのデータ

＊東京都在住
＊夫婦２人暮らし＋犬１匹
＊２LDKを１LDKにリフォーム（分譲マンション）
＊築８年（リフォーム後１年）

齋藤智子さん
テレビ関係の業界人。「家のスタイルを変えつつ、リビングを広くするためにリフォームに踏み切りました」。依頼したのは、「パシフィック ファニチャー サービス」（P67参照）。

右）トイレの扉に取り付けたドアノブと鍵。海外のお宅にありそうなニュアンスのあるデザインが魅力。毎日さわる場所だけにこだわっておきたいパーツです。
左）スイッチプレートは「パシフィック ファニチャー サービス」のオリジナルデザイン。

もともと持っていた赤いソファのスタイルを考慮しながらスタイルを固めていきました。細い脚付きで浮いているかのようなデザインのテレビ台のおかげですっきりした印象。

玄関から入ったところ。木目を生かしつつ、ダークな壁に仕上げました。シックな空間を演出できるだけでなく、オリーブグリーンの扉が映えます。

寝室のそばにご主人の書斎スペースを設けたので、光と風が通るように家のなかに窓を設置。格子の型ガラスで押し上げ式の小窓が、リビングのアクセントにもなっています。

キーアイテムで分かる

アジアンstyleのルール

タイで育つウォーターヒヤシンスを編んで椅子の背に。デザインに味わいが生まれます。（写真提供：a.flat）

［植物編み］

ラタン、ウォーターヒヤシンス、アタなど、アジア各国で育つ植物を編んで、かごなどの日用品や家具がつくられています。自然素材の素朴さやぬくもりが感じられるのが魅力。多くは手仕事によって編まれているので、その工芸的存在感もまた、心を惹きつけるのでしょう。アジアの雰囲気をかもし出すのには欠かせないアイテムです。

［アジアン雑貨］

タイの竹細工の工房で生まれたかご。美しい手仕事はアートの域に達します。（写真提供：a.flat）

しょうゆ刺しや薬味入れなどのセット。ぽってりした素朴な雰囲気がアジアンスタイルに合います。

日用品として、アジア各地でつくられてきた雑貨に価値を見出し、旅で訪れた人々がおみやげとして日本に持ち帰ることが多くなりました。さらに日本や欧米のデザイナーが現地の職人とコラボレートしてよりモダンなものも生まれています。アジア的要素をプラスするのにぴったり。

ヤーン・リパオという植物で編まれたかご。タイ王室御用達として知られる工芸品です。（写真提供：a.flat）

バリやタイのリゾート地が日本で人気になるにしたがって、インテリアにもアジアンというカテゴリーが登場しました。洗練されているのに、アジア的素朴さをあわせ持つ高級リゾートホテルのインテリアを自宅で再現したいという人が増えたのです。

日本の暮らしに合うように考えられた現地で生産される家具に、現地の布や雑貨を組み合わせてつくるスタイルで、南国に共通するゆるやかな時間を感じます。

右は、育てやすいツピダンサス。上は深い緑色が印象的なサンスベリア。鉢はアジアンスタイルのものか、シンプルで雰囲気を壊さないものを選ぶのを忘れずに。

[グリーン]

豊かな自然に囲まれているリゾート地の雰囲気を出すのにグリーンは欠かせません。アジア由来のものか、緑色が濃く、葉が大きく肉厚なものを選ぶとアジアンスタイルに。

[チークの家具]

骨格にチーク材を使用した椅子。背板と座面には竹を組み合わせてあります。(写真提供：ヒッカドゥワ)

東南アジア原産の高級素材であるチーク。インドネシアなどで家具がつくられてきましたが、最近は希少性も高まっています。素朴さ、おおらかさを感じるものを選んで。

[ファブリック]

各国独自の文化として発展してきた民俗衣装などの布は、織りや柄が多彩で個性的。インテリアファブリックとして活躍します。壁に飾ってアートのように楽しんで。

アジアンなショップガイド

a.flat新宿店

アジア然としているわけではないけれど、アジア的ゆるりとした空気感をまとう店内。家具はすべてオリジナルで、タイでつくられています。モダンなラインのなかにさりげなくアジア的要素が入っているので、こてこてのスタイルは避けたい人におすすめできるラインナップ。

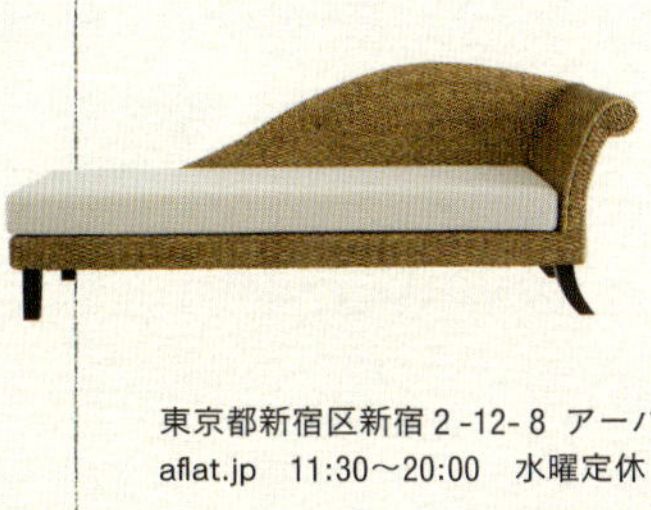

上）東京・新宿店は天井の高い広々とした空間。東京・目黒、大阪・堀江にも店舗あり。左）ウォーターヒヤシンスを編んでつくられた寝椅子型のソファはアジアンリゾートを表現するのにはぴったりのアイテムです。10万5000円。

東京都新宿区新宿 2-12-8 アーバンプレム新宿 2F ☎03-5919-1922
aflat.jp 11:30〜20:00 水曜定休（祝日の場合は営業）

ヒッカドゥワ

インドネシア・バリの工場でつくられる、無垢のチーク材の家具を扱う店。どっしりとしていて、おおらかな手仕事のぬくもりを感じさせる家具からは、アジアらしさを感じます。アタを編んだかご、アジアンデザインの照明などのアイテムも揃います。アンティークの一点ものも。

上）あめ色でつややかなチーク材らしさを感じる家具が並ぶ店内。左）アジアらしさを残しつつ、ガラスをはめ込むなど現代的なデザインも取り入れたサイドテーブル。2万8000円。小さい家具でアクセント的にアジアを感じさせるのもあり。

東京都港区西麻布 3-8-17 ☎03-3401-0886 www.hikkaduwa.co.jp
11:00〜20:00 木曜定休（祝日の場合は営業）

アジアンstyle

熊谷さん宅

モダンな内装の今どきのマンションには、素朴なアジアの家具ではなく、シャープなラインのものが似合います。センタークロスは和の織り布。

インドに旅行した際に購入したファブリックを壁に。ピクチャーレールを使いたくて思いついたアイディアなのだそう。

ダイニングの横のスペースにぴったり納まるようデスクとワゴンを設置。ここなら持ち帰った仕事も快適にこなせます。

dining

市販のワインラックを、DIYでカウンターに取り付けてバーコーナーに。友人たちがバーに集まる感覚で寄っていくのだとか。

ネットを駆使して完成させた、モダンアジアの空間

マンション購入を機に、インテリアにはまったという熊谷さん。インターネットで情報収集するなか見つけたのが、モダンなアジア家具が揃うショップ「a.flat」でした。最初からアジアンスタイルを狙っていたのではないそうですが、ダークブラウンのフローリングに合う家具を探していて、ラタンと組み合わせられているこちらの家具に巡り合いました。「全部、木調のダークブラウンの家具だと重くなると感じて。異素材との組み合わせは、かるく見えるからいいと思いました」。

「a.flat」のサイト内のサービスである間取りソフトで家具をレイアウトしながら購入する家具を決め込み、そこで初めてショップへ出向いたのだそう。「イメージどおりで、そのまま即決でした」と熊谷さん。じつは、ほかの小物やファブリックもほとんどがインターネットで購入したもの。「イメージしているものをじっくり探せるので、ぶれずに買い物ができるんです」。

建築の仕事をされているだけに、インテリアを見る目も確実。思い切った方法で、モダンな内装のマンション内に、アジアのリゾートホテルのような空間を、見事完成させました。

友人が大勢集まってもくつろげるリビング。
スタンドライトや壁のフレームなどさりげなくアジアっぽさを感じさせるセレクト。

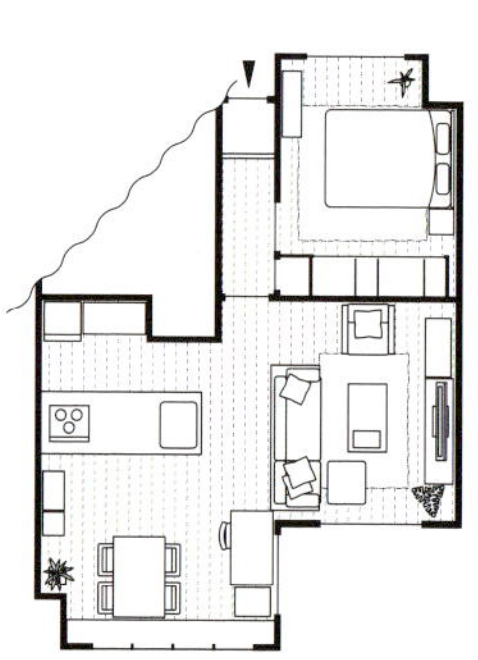

住まいのデータ

＊東京都在住
＊1人暮らし
＊1LDK（分譲マンション）
＊築6年

収納に活躍するかごも、アジアンテイストのものをセレクト。右）リビングのチェストの横に置いたかごには、ハンディな掃除機が。すぐに手が届く場所なので気になったときにさっと掃除が可能。左）ローテーブル下にはパンダン素材のかご。リモコンの定位置です。

真っ白なカバーをかけ、こげ茶色のフットスロー（足下の布）をアクセントにしたベッドメイキングは、高級ホテルの雰囲気そのもの。

オレンジとグリーンのクッションが空間のアクセントに。スペインのデザイナーのものですが、菊柄がアジアらしさをかもし出します。

bed room

熊谷勒欣さん
建築設計施工会社勤務。今回購入した家具はほとんど「a.flat」（P79参照）のもの。ネットを上手に使えば、ぶれずにおしゃれな空間が手に入るというお手本のような住まいです。

鉢植えのグリーンが各部屋に置かれ、癒やしの雰囲気をつくってくれています。アジアの雰囲気に合うということを念頭に選んだそうです。モダンな鉢もセットでこれまたネットで見つけました。右）ミリオンバンブーを寝室に。左）テレビ台の横にはクワズイモ。

キーアイテムで分かる

和モダンstyleのルール

昔ながらの和のインテリアで暮らす人は少なくなってきました。それでも和家具が好き、和の素材に落ち着く、床でごろごろするほうがくつろげるという日本人は多いことでしょう。そこで登場するのが和モダンスタイルです。椅子やソファなど、洋のインテリアの暮らしやすさをベースに、和紙、竹などの和素材や、和家具を合わせ、床が近くなるよう低めに暮らすだけで、雰囲気が変わります。

［床に近い家具］

日本人は昔から床に直接座るという低い暮らしをしてきました。椅子暮らしが定着した今でも、床のほうがくつろげるという人も多いようです。そんな人なら、背の低い家具がおすすめ。ソファや椅子のラクさも享受しつつ、床に近い暮らしができます。低く暮らすと部屋が広く感じられるというメリットもあります。

自由な態勢でくつろげる「低座椅子」は、長大作《ちょうだいさく》さんのデザイン。１人がけソファ以上にくつろげます。

椅子の快適さをプラスしたモダンデザインの座椅子。座ったときに脚がラクです（写真提供：カギロイ）。

［和家具］

（写真提供：灯屋 可ナル舎）

しっとりした趣があり、ひとつあるだけで空間を和の風情へと変えてくれる和家具。和モダンを目指すなら、ぜひ、取り入れて。コンパクトなものを選べば、今の暮らしに取り入れやすく、空間のアイコンとして活躍してくれます。低いものならテレビ台にするなど現代的な使い方をするのもおすすめです。

竹

　アジアでも多く使われますが、日本的な素材としても認知されている竹。昔から、日本各地でかごやざるなどの日用品が多くつくられてきました。成長の早い竹は、最近はエコな木材としても注目を集め、家具やフローリングの材としても使われるように。それらを住まいで取り入れると和の趣が空間にプラスされます。

酒器として製造された竹製の器。手ぬぐいを入れて、来客時のお手拭きに。竹が和の雰囲気を運んでくれます。

和紙

　障子やふすまなど、和紙を使った建具や調度品が日本の暮らしからどんどん消えつつあります。でも障子はフローリングの洋空間との相性が抜群ですし、和紙でつくられた照明は、欧米のインテリアでも見かけます。臆せず、小さなものからでも和紙製品を取り入れると、ぐっと和モダンな雰囲気に近づきます。

和モダンなショップガイド

にっぽんフォルム

　東京・新宿のリビングデザインセンターOZONEにあるショールーム。和でも洋でもない、現代の日本人の暮らしに合う家具、照明、小物が並びます。日本人デザイナーによる機能面にも配慮されたものが中心で、和をうたっていなくても、和の心を感じさせる品揃えです。

上）ディスプレイもやはり、和の趣を感じる低い設え。マンションなどのモダンな空間にも参考になるコーディネートです。左）神藤直さんのデザインによる座椅子。足をのばしたり、あぐらをかいたりしやすいよう考えられています。8万8200円。

東京都新宿区西新宿 3-7-1 リビングデザインセンターOZONE 4F
☎03-5322-6620 www.ozone.co.jp/nipponform 10:30〜19:00 水曜定休

カギロイ

　日本的な素材やワザに注目し、現代の暮らしに合う家具や照明、雑貨をセレクト。古材×スチールという異素材の組み合わせのテーブルや、座面高が低い椅子など、モダンな洋空間に合うように配慮された和テイストのものが多く見つかります。和モダンを目指すなら、まずチェック！

上）店頭では、低いダイニング空間がつくられているので、そのくつろぎ感を座って体感して。照明や雑貨類も豊富です。左）棚としても座卓としても使えるデスクキャビネット。左の部分が可動し、コンパクトにすることもできます。16万円。

東京都世田谷区奥沢 5-28-1 fino JIYUGAOKA 2F
☎03-3721-7186 www.orientalspace.com 11:00〜19:00 不定休

和モダンstyle

坂田さん宅

日本の美意識を現代の暮らしに取り入れたインテリア

着物の仕事をする坂田さんは、日本的なものへの思いが深く、住まいも、ずばり〝和〟の雰囲気です。とはいえ、そこは現代的なマンションの一室。完全な和風にするのではなく、シャープなデザインの家具を織り混ぜて、モダンな印象をつくり上げています。

「すべてを昔ながらの和家具で揃えると田舎風の家になってしまうので。現代の生活にもマッチさせたかったのです」と坂田さん。そこで選んだのが、古材を使った家具を多く手がけるショップ「カギロイ」の家具です。ここの家具は日本テイストを取り入れつつも、今の暮らしに合うモダンなデザインが特徴。まさに坂田さんが求めていたものでした。床に近い、低めの家具が多く、「広く見えるのも気に入っています」。

坂田さん宅で印象深いのは、ものがあまりなく、〝間〟を感じること。「茶道の先生のお宅に影響を受けていると思います。無駄なものがない美しい空間なんです」。昔から日本人は簡潔な美しさを愛でる文化を持ってきました。坂田さんもそこに共感するからこそ、ものを厳選し、あえて〝間〟が残るよう、意識しているそう。そんな美意識が和モダンをさらに美しく見せてくれるのです。

シンプルなデザインで〝和〟とも〝洋〟とも相性がいいソファは、洋室、和室をつなげてくれる働きも。「カギロイ」で購入。

リビングダイニングの全体像。シャープなデザインの家具のなかに、水屋だんすを置き、空間のアクセントにしています。

茶道、華道のお稽古ごとに慣れ親しんできた坂田さん。その伝統をそのまま暮らしに取り入れることはできなくても、そこで養ったものを見る目がインテリアを考えるときに役立つといいます。苔玉やお花の、間を残すような飾り方にそのセンスが生きています。

living

dining

シャープな雰囲気をかもし出すスチールと、日本的な味わいのある古材をマッチングさせたテーブル。「カギロイ」で購入。

dining

水屋だんすの上に並べたかごは、旅先で買ったものがほとんど。素材もそれぞれ違うそうですが、和空間を盛り立てます。

10年以上のつきあいだという水屋だんすは東京・東北沢にある「山本商店」で購入したもの。この空間を引き締める主役的家具です。

器も少しずつ気に入ったものを買い集めているのだそう。古材の落ち着いた色合いのおかげで、和のきれいな色が映えます。右）九州旅行に出かけた際に購入したもの。奥2枚が伊万里で、手前のものは天草で。中）京都の作家、堀岡岳之さんの器。粉引に赤絵という組み合わせが気に入ったのだそう。左）琉球ガラスに麻のコースターを合わせて。反対色の色合わせが新鮮。

雰囲気を壊してしまうものをどう排除するか、どうなじませるかはスタイルをつくるうえで大切なこと。左）「カギロイ」のチェストはサイズがオーダーできるので、ＤＶＤプレーヤーがなかに収まるようにしました。右）花かごをリモコン入れに。目立たないようテーブルと色を揃えました。

living

クッションは、じつは北欧デザイン。「和に傾きすぎないよう、あえて奇抜な色を選びました」。着物で培っている色合わせのセンスが生きています。

玄関の外にも和の雰囲気を。陶板にトクサの苔玉をのせています。同じドアが並ぶマンションの廊下に坂田さん宅らしさが生まれます。

entrance & etc.

手ぬぐいは洗面所やトイレなどのお手拭きとしても活用。伝統的だけどモダンに見える柄を選ぶので、マンション空間にもなじみます。

和雑貨のなかでも手ぬぐいはお気に入りのアイテム。さわったときに気持ちいいと思える素材感にこだわって購入。

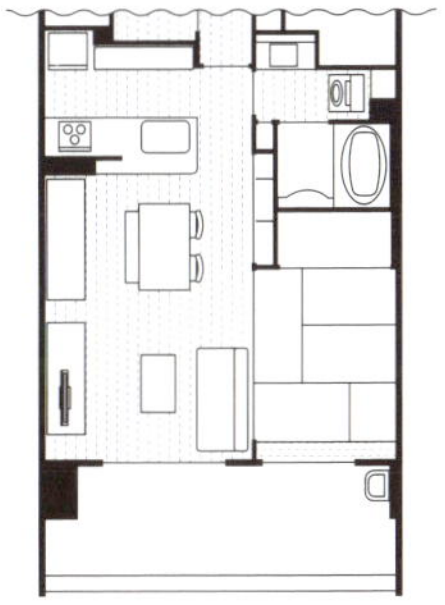

住まいのデータ

＊京都府在住
＊夫婦２人暮らし
＊３LDK（分譲マンション）
＊築半年

坂田菜穂美さん
取材の年に京都に引っ越してきたばかり。家具の多くは湘南在住時代にこの部屋に置くことを想定して、「カギロイ」（P85参照）で購入。着物のプロだけに色合わせがお上手です。

海外に学ぶ上級者のインテリア

文化や生活様式の違う海外では、インテリアも当然日本とは違っています。インテリア上級者を目指すなら、そんな海外の要素も気になるもの。印象的な色づかいや絵画、大胆なアイテムなどを自然に取り入れ、個性豊かな住まいをつくるパリのアパルトマン。上級者になるためのヒントがいっぱいです。

上級者のインテリア in Paris MASSATOさん宅

修道院で使用されていた大テーブルの上は北欧デザインの照明。開放感を楽しむため、リビングにはあえてカーテンをかけていません。

広いリビングは仕切りをつけず、家具配置でコーナー分け。壁の本棚付近は白いソファセットを置き、くつろぎのスペースに。黒いランプはアイアン製。

のみの市で2脚見つけたル・コルビュジエの椅子。1脚は座る部分がぼろぼろでしたが、修復してもらい利用可能に。カンバス地と革が使用されています。

ビロードのような質感の実は、アフリカ旅行から持ち帰ったバオバブの実。のみの市で見つけたガーデン家具の中に飾っています。

1950年代デザインをベースに、多要素を融合させた空間

ヘアスタイリストとして活躍するMASSATOさんは、パリ中心部、サン＝ジェルマン・デ・プレの住人。ぜひこの界隈にと希望していたご家族と一緒に、理想の空間を築き上げ2年が経ちました。

「エリアの魅力はもちろんのこと、広々としたリビングが気に入っています。デザインに関心があるので、好きな家具やオブジェを置くことができる空間は不可欠でした」と、MASSATOさん。玄関からリビング、寝室にいたるまで、ポップアートや北欧家具、アフリカのオブジェなどが気持ちよく配されたお住まいは、まさにミックスタイルのお手本です。センスがものをいう難しいスタイルですが、極意を伺うと意外にシンプル。

「'50年代のデザインが好きなのでベースはこれ。そこにコレクションした他要素のものを置いてみて、足したり引いたりします。好きなものはたくさんありますが、住空間になんでも詰め込むわけにはいきません。全体のバランスを見て判断することが肝心」

MASSATOさんの男性的な好みと奥様の女性的なタッチ、そして共通の趣味であるイームズチェア。これらがひとつにとけ合い見事な調和を奏でている秘密は、こんな姿勢にあるのでした。

右）ジャン・プルーヴェのデザインによるキャビネットをリビングに。上には色の美しい絵画を飾り、キャビネット両端には高さのあるもの、中央に低いものをとバランスよく配置。左）和みムードの椅子コーナー。何脚もコレクションしているイームズの椅子は、脚の材質やデザインがどれも違います。ローテーブルはのみの市で購入。

イームズのプライウッドの椅子「ＬＣＷ」も使い込まれた味のあるいい雰囲気。床に置いた額縁は木製フレームを選んで、椅子との相性がよくなるようにしています。

高い仕切りをつくらずに家具を配置したので空間全体が流動的になり、コーナーが分断されません。壁に飾るアートはモノクロを中心にし、にぎやかになりすぎないよう配慮。

本棚兼収納棚はオーク材を使ったオーダーメイド。引っ越しのときに本を詰め込んだだけと謙遜しますが、飾る棚を確保してメリハリをつけ、美しく見せています。

上）玄関のキャビネットはリビングの棚と同じくオーダーメイド。ここでも壁に飾るアートはモノクロ、キャビネット上には両端に高さのあるものを置いています。下）鏡はのみの市で見つけたもの。前に置かれたオブジェも、やはりのみの市からやってきました。

ロンドンで見た、写真家リチャード・アヴェドンの展覧会で購入したポスターをフレームに入れて床に。赤いスツールとエスニックなオブジェがアクセント。

ベッドリネンはすべて白。ジャン・プルーヴェのテーブルはデスクとして使用しています。ベッドヘッドの壁に絵を飾るのは、ヨーロッパでは常識のようなもの。

コンパクトなデスクは、奥様の裕紀子さんが友人からゆずり受けたもの。ベッドルームで化粧品のストックなど細々としたものを収納しています。場所を取らないので重宝。

のみの市で見つけたキャビネットをベッドルームに置き、テレビ台としても利用中。壁の頭骨はアフリカを旅行した際に購入したもの。白い空間に木の質感が美しい。

キッチンのシンク回りはメタルで統一。無機的な機能美の一角に、ローズの花束がチャーミング。住まいに花は欠かさないそう。

「どうしてもものの多くなる場所だから極力すっきりと」という奥様の希望で、色を抑えたキッチン。北欧デザインの椅子が映えます。

娘のありすさんの部屋。ここでもベッドリネンは白、壁には絵が飾られています。「壁に絵のない部屋なんて考えられない」とありすさん。

アートと壁紙ステッカーが印象的なありすさんの部屋に、こんなコーナーが。ふせんを探す手間を省くために、ブロックごと直接壁に貼り付けています。

MASSATO マサトさん
パリを拠点とし国際的に活躍するヘアスタイリスト。有名女優など多数の著名人を顧客に持つそう。パリに3軒、日本に2軒のサロンを経営。www.massato-paris.co.jp

住まいのデータ

*フランス・パリ在住
*夫妻と20歳の娘と３人暮らし
*３LDK
*19世紀のアパルトマン

白い部屋とダークな部屋に、赤と緑の差し色を

パスカルさんは建築家。ホテルやオフィスの内装建築と家具デザインを、フランス国内外で手がけています。プロの審美眼は当然ながら、ご自身の住まいにも光っています。

玄関を入ると白い壁のダイニングにリビングが続き、右側にはダークグレーのキッチンという間取り。暗い空間と明るい空間、そのどちらにもグリーン、赤&オレンジが効果的に配され、アパルトマン全体に独特の調和が感じられます。これはパスカルさん曰く、物件の特徴を考えたうえでの選択。

「直射日光の入るスペースはあえてダークな壁色に、北向きの部屋は白にしました。こうすることで住居全体に均一の光が巡ります。そこに好みの色の家具や小物を置くとアクセントになり、同時に統一感を与えてもくれます」

さらに白いリビングには、窓の対面の壁にふすま風のパネルを設置。これは舞台の背景のような、奥行きを持たせるためです。

「アジアのアイテムにモダンデザイン、旅先で購入したものも多いです。多要素が集まっても大丈夫、自分の選ぶものには色や素材に必ず共通点がありますから」

全体を見る冷静な視線と、好みに躊躇しない余裕がカギです。

壁に絵を飾るのはインテリアの絶対事項。飾りきれない額縁は床に置き、場所を変えながら鑑賞します。本も躊躇せず床に重ねて。

上級者のインテリア in Paris

Pascalさん宅

白を基調としたリビングに、中国のつぼとソファの赤が印象的。ライトのグリーンは、キッチンの照明とベッドルームの壁の色と共通。

増え続ける本や雑誌はむやみに本棚に詰め込むよりも、重ねて床に置くほうが美しい場合も。右）書斎の窓辺のサイドテーブルには、すぐに使う資料やメモを重ねて整理。左上）リビングの床には画集や写真集を積み重ね、美しくレイアウト。左下）コンソールテーブルやソファの上にも重ねた本が。きちんと揃えて重ねれば、たとえ収納されていなくても片づいて見えます。

白いコットンのソファに、シルクのクッションとウールのひざかけ。色違い・素材違いのものを重ねるとインテリアに深みが出ます。

ベッドルームは安らぎのグリーンが基本色。オレンジの差し色は、ほかの部屋の赤いグッズと呼応しています。壁の写真もモノクロにし、あくまで落ち着きを追求。

書斎には西の窓から自然光が入るので、壁の色を白ではなくベージュに。直線とモノトーンで家具を揃え、Zenなムードを演出。

ベッドルームからひと続きになったドレッシングルームも、同様にグリーンが基本色。ランプもやはり差し色のオレンジ。収納ボックスは白で統一し、すっきりとした印象に。

住まいのデータ

＊フランス・パリ在住
＊パートナーとの２人暮らし
＊２LDK
＊19世紀のアパルトマン

右）キッチンからダイニング、リビング、奥にベッドルームの入り口が。ダークな部屋と白い部屋が一列に並んでいることが分かります。ダイニングの椅子はレトロなローズで温かい印象。左）「黒い箱のようにしたかった」というキッチンは、扉を閉めずとも精神的仕切りがされます。ライトのグリーンがアクセサリーのように効果的。

右）キッチンの棚に大皿に入れた玉ねぎ、エシャロット、タイムなどの食材が。美しく取り出しやすい収納法としてフランスのキッチンではよく目にする光景です。左）シンク回りに食材や調味料のボトルが並びます。揃いのボトルに入れ替えすっきりと。よく使うミルクパンは吊るす収納に。

Pascal Allaman　パスカル・アラマンさん
内装建築家。パリのホテル・マリオット・シャンゼリゼやホテル・ベラミをはじめ、各国で内装建築と家具デザインを手がけています。
www.pascalallaman.com

ダイニングの一角に、エスニックなクッションをのせた椅子と抽象絵画。異要素が集まりながらも与える印象はモダン。このスペースは間接照明のみで、やわらかい明かりに。

インテリアことはじめのルール

暮らしを一からスタートをさせるとなったら、
家具を探して、カーテンを選んでと考えるべきことはいっぱい！
一度買ったらなかなか買い替えることができないものなのに、
家具選びや色合わせをきちんと学ぶ機会はほとんどありません。
そこで、インテリア選びをスタートさせる前の基本知識を集めました。

家具選びのはじめの一歩

まず何から スタートさせる？

「まずは家具屋さんへ！」となりがちですが、その前に一時停止！自分の生活に思いを巡らせ、本当に必要な家具を見極めて。

子どものころから、成功と失敗の体験を重ねてきている洋服選びと違い、家具選びを人生において何度も経験している人は多くはありません。そのうえ家具は大物であるがゆえに、気軽に買い替えができないという難点も。だからこそ家具の購入前には自分にはどんな家具が必要なのか、しっかり熟考する必要があります。

モデルルームや雑誌で見かけた家具にあこがれてしまったばかりに、自分の暮らしには不要だった家具を買ってしまったという失敗談はよく聞かれます。さすがに婚礼だんすは買う人は多くないでしょうが、ドレッサー、ダイニングセット、ソファセットはどうでしょうか？　買って当然と思う人の率の高い家具ですが、あなたにとっては必要のない家具かもしれません。「お化粧は洗面所でする」、「ごはんはダイニングテーブルではなく、ソファ前のローテーブルで食べる」、「床でくつろぐほうがラクなので、ソファはもたれかかるだけ」など、買ったけれども使わない家具だったという声は、案外よく聞かれるものです。

暮らしやすいインテリアを実現するためには、世の中の常識や既成の概念にとらわれないで。自分はどんなふうに暮らしたいのかを整理し、生活に合った家具選びをすることが大切なのです。ここでは、〈生理的な生活〉、〈家事労働的な生活〉、〈社会的な生活〉の3つの要素で考えます。

どの家具も買って当然というものではないのです。思い込みを捨てましょう。

〈生理的な生活〉

食べる、寝る、身じたくする。自分の行動傾向を分析してみよう！

おうちでゆったりごはん派なら、くつろげる広めのダイニングセットを。

外食中心派なら、ダイニングセットは不要でカウンター＋スツールで十分かも？

どんな人でも暮らすうえで行う、〝食べる〟、〝寝る〟、〝身じたくをする〟などの基本的な行動を生理的要素と考えます。家具選びと関係なさそうですが、基本的行動を考慮に入れることで家具選びは大きく変わってきます。

例えば、〝食べる〟こと。家でゆっくりごはんを食べる派なのか、外食中心で家ではあまり食事をとらない派なのか。前者ならば、広めのダイニングテーブルでゆったりくつろげる椅子を用意したいですが、後者ならダイニングセットは不要でカウンターとスツールだけを購入すればいいかもしれません。限りあるスペースなのですから、使用頻度の低い家具まで無理やり持って、部屋を狭くする必要はないのです。

〝寝る〟はどうでしょう？ パートナーと同じベッドだと安眠できない人なら、ダブルではなく、シングルを2つという方法やふとんを選ぶという選択肢も。〝身じたくをする〟も同様で、ささっと派なら洗面所だけで十分でしょうし、化粧品が多いじっくり派ならドレッサーなり、専用の収納庫なりが必要になるでしょう。

という具合に、まずは生活の基本、生理的要素から必要な家具を見極めていきます。

〈家事労働的な生活〉

家具選びで家事がラクになるのでぬかりなくイメージして

リビングでアイロンがけをするなら、収納場所はリビングにもうけたいもの。

2人でキッチンに立つなら、2人で動けるような家具選び＆配置を考えて。

センスある家具を揃えておしゃれなインテリア空間をつくり上げるだけでは、毎日の暮らしが快適にはなるとは限りません。日々の暮らしを続ける以上、家事がスムーズに行えることは暮らしの快適さにおける重要ポイントです。家具の選び方次第で家事労働が軽減することも、逆に増えることだってあるということを念頭に、自分の性格や暮らし方を家事的観点からふかんしてみましょう。

夫婦でキッチンに立って食事をつくるなら2人が立てるように通路部分を狭くしない家具選びが必要です。1人で調理配膳をまかなうなら配膳動線をよくするためにキッチンカウンターを置くと便利になるかもしれません。アイロンがけはリビングでテレビを見ながらと考えるなら、リビングにアイロンやアイロン台まで収納できるキャビネットを置くのも、家具選びによって家事を軽減するアイディアです。

収納家具も同じ。ダイニング用にガラス扉の飾り棚を選ぶ人が多いですが、ダイニングテーブルの上に郵便物や印刷物などを放置しがちな性格なら、中の見えないキャビネットや引き出しの付いた家具を置いて、片づけやすくしておくのが得策です。

家族の余暇の過ごし方を考慮しない家具選びは、失敗を生む原因に。

〈社会的な生活〉

余暇、趣味、そして家での仕事。家具選びには欠かせない視点です。

家のなかだけでなく、外で行う趣味も家具選びやインテリア計画を左右します。

家でどんな余暇を過ごすのか、どんな趣味を持っているのか？　家で仕事をするのか？　こういった自分たちの社会的な活動も家具選びに影響を及ぼします。

横になって本を読むのが至福の時間という夫がいるなら、大きなソファを買ったとしても、妻はそこには座れない可能性も。こんな場合は、ソファではなく、床で横になるようなインテリア計画にしたり、妻用に1人がけソファを1つ買うことを検討したりする必要があるでしょう。

家のなかだけでなく、外での趣味も、家具選びにあたっては考慮したいこと。例えばゴルフが趣味なら、ゴルフ道具を収納する場所が必要です。玄関クロゼット内に確保できたとして、今度は玄関に収納したかったものを納める別の家具が必要になるかもしれません。

家でパソコン仕事をするなら、専用のデスクが必要に。スペースの確保が難しければ、ダイニングテーブルをパソコン台として使うことにし、そばに書類やパソコンを収納できる家具を用意する、そんな選択肢も出てきます。

という具合に、家具選びとは関係ないと思われることも洗い出し、自分たちに必要な家具を導き出すことが大切なのです。

サイズ選びは重要なポイント

正解のサイズが知りたい！

家具の適正サイズには目安はあるけど、絶対という正解はありません！ サイズ感を意識しながら、自分で実際に試すことが何より大切です。

洋服を選ぶとき、自分の体に合わせてサイズを選びます。同様に家具を選ぶときには、部屋の広さに合わせてサイズを決める人が多いでしょう。でも、そのことばかりに気をとられていると失敗をもたらすことも。例えば2人がぎりぎり座れる小さめソファを選んだとします。希望どおり部屋は狭くならなかったとしても、実際にそのソファで2人くつろぐには窮屈すぎ、寝ころぶのにも狭すぎ……。結局、使わなくなってしまい、使わない家具で部屋を狭くするという本末転倒の結果に。家具のサイズが部屋の広さに合っているだけでなく、自分たちの用途に合ったサイズであることも同じように重要なのです。

　そのための目安となるサイズはありますが、使う人によって、使いやすい、くつろげると感じるサイズはまちまちです。だから自分の体で試すことが何より大切。その家具を自分ならどう使うか、どんなふうにくつろぐのかを想像し、その動作を実際にしてみることがいちばんです。ソファならしっかり奥まで座る、寝ころぶ、足を座面に上げてくつろぐ。2人で座ってそれぞれがくつろげる姿勢をとる。ダイニングセットならごはんを食べる動作をする、テーブルにひじをのせる、家族全員で席について距離感を体感する、などなど。

　家で大きなスペースを占め、長くつきあっていく家具です。店頭では恥ずかしいと遠慮するのはもったいないこと。思いつくままにきちんと試して、自分たちの体に合う家具のサイズを見つけるようにしたいものです。

どうしても迷いが生じる家具のサイズ選び。正解がないから、とにかく試して。

家具は値段がピンキリ！ 何が違うの？ どう選ぶ？

同じサイズ、同じ用途でも、驚くほど値段に差があって、家具選びの際には迷いが生じます。その差は使われる素材やデザインの違い、ブランドによる付加価値など、理由はさまざま。工場で大量生産されているか、職人の手仕事によるのかでも、値段は大きく変わります。

　安い＝ダメな家具とは言いきれませんが、例えばソファはウレタンフォームなどの充填材がへたりやすい等、安価なものは長期の使用に耐えられないものがあります。見えないところでコストダウンを図っているわけです。ソファやベッドなら座ったり寝ころんだり。チェストやキャビネットなら引き出しや扉を開閉して比較したり、触ってみて質感を確認したり。自分で値段の違いの理由を肌で感じ、納得してから購入したいものです。

ソファのサイズ

くつろぐことを目的に買うソファ。部屋のサイズを優先すると結局くつろぎ度が低かったり、1人しか使えなかったり。

そんな失敗をしないためにも慎重に選んで。ソファ自体の幅、奥行きなど、表示されているスペックでは分からない座面サイズも重要です。

ソファの奥行き

ソファはまっすぐ座るだけでなく、足を上げたりあぐらをかいたり、はたまた、横に寝ころんだりするもの。座面自体の奥行きは60cm前後あるとくつろげます（ソファ自体の奥行きではないので注意）。実際のソファの上で、自分がとりそうな姿勢をいろいろ試して。

1人分の幅

部屋のスペースに目を向けると小さいソファを選びがちですが、1人にあたりの座面幅は最低でも60cm前後を確保したいもの。2人用なら〈60cm×2＋ひじかけの幅〉がソファ全体の幅になります。それ以下だと2人で座ったときにくつろいだ体勢がとりにくく、結局1人しか使えないなんて結果になりがち。

クッション

座面の奥行きが深いソファや、背もたれの角度の傾斜が大きいソファはくつろぎ感は増すものの、普通に座りたいときには座りにくいことも。クッションを置いて、腰に当てることでさまざまなくつろぎスタイルにフィットさせることができます。

アーム

座面幅を大きくキープしつつも、狭い部屋なのでできるだけ小さいソファを置きたいと思う場合は、アームの幅に注目します。デザインによってはアームがかなりの幅をとるので、アーム幅が小さいものや、片アーム、アームなしのものを選択肢に入れてみて。寝ころぶことが多そうならアームの低いものを。

オットマン

オットマンとはソファに座ったときに足をのせる台。くつろぎ感のある奥行きや背もたれの傾斜角度の大きいソファを選ぶと足がぶらぶらしてしまうので、オットマンとセットにするとくつろぎ度がアップします。横になる必要がなくなり、1人がソファを占拠なんてことにもなりません。

継ぎ目も確認

3人用として販売されていても、座面クッションが2個しかなく、座面の継ぎ目が真ん中にある場合、幅は十分であったとしても、真ん中には座りにくく、くつろげません。実質2人用で、3人で使うのには向いていないので注意しましょう。

ダイニングテーブル&椅子のサイズ

部屋のなかで大きなスペースをとってしまうダイニングセット。小さめを選んでしまうと、窮屈でくつろげない食事タイムになるので注意して。また、テーブルや椅子の高さも非常に重要。きちんと座り試しをして、体に合ったものを選びましょう。

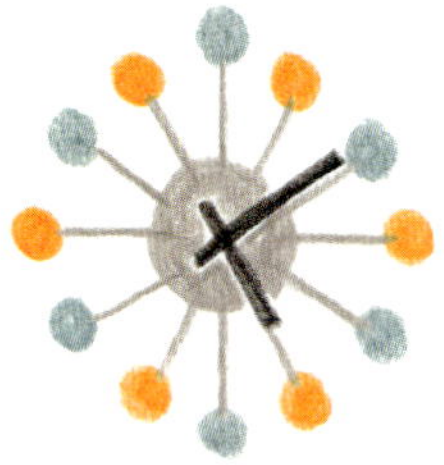

テーブル面の大きさ

テーブル面の1人分の目安は、幅60cm×奥行き40cm。4人用のテーブルなら最低でも120×80cmの天板サイズ、できれば135cm×80cmあると安心です。選ぶときに2人で横に並んで座り、ごはんを食べる動作をしてみてひじがあたらないことや、正面に座ったときの距離感などを確認するとよいでしょう。

身長差は？

身長差がある場合、全員の体に合わせていたら椅子の高さがまちまちになり、テーブルとの差尺（左下参照）が合わなくなります。基本的には背の高い人に合わせておくのが無難。背の低い人が足がぶらぶらして落ち着かない場合は、厚めの板など足置き台を用意するとよいでしょう。

差尺にも注目

テーブルの高さから、椅子の座面高を引いたものが差尺。この長さを27～30cmにするのが一般的に使いやすいテーブルと椅子の関係性です。椅子に対してテーブルが高すぎると、うどんやラーメンなど高さのある器の料理が食べにくく、逆にテーブルが低すぎると背中が丸まって食事がしにくくなります。

足がぺったり

椅子に奥まで座った状態で、足がぺったりと床につくとくつろぎ度がアップ。ダイニングで長時間過ごすなら、椅子の高さは低めがよいでしょう。試し座りのときに気をつけたいのは、必ず靴を脱いで（またはスリッパに履き替えて）、確認すること。室内では靴を履かないので印象が違ってきます。

椅子の座面高

日本でのダイニング椅子の座面高は42cm前後が中心。海外からの輸入品は、背の高さや靴での生活に合わせているので、高い傾向にあります。また、クッション性が高くて座ると沈むものと、木などまったく沈まないものでは、同じ座面高でも座ったときの印象が違います。その意味でも座り試しは重要なのです。

限りあるスペース、どうすればいい？

使いやすいサイズの家具を置きたくても、スペースが狭すぎて無理な場合、どうするのがよいのでしょうか？

小さめサイズを選ぶという方法以外の解決法もあるので、小さめを買って失敗したということになる前に、検討してみましょう。

☑ レイアウトを再考する

置けないと思っている家具でもレイアウトを工夫すれば大丈夫なことも。例えばテーブルを壁付けにするというレイアウトを検討してみて。必要な面積が狭まって、部屋を広く使えるようになります。本棚の下のほうはときどきしか出し入れしないと割り切って、本棚の前にソファを置くという手も。柔軟に考えれば、省スペース化は可能です。

☑ 用途を兼用させる

大きなダイニングテーブルを入れてしまうと、狭すぎてほかのものが置けないという状態なら、兼用するという手があります。テーブルを食事以外にも活用するのです。パソコンデスクを兼ねたり、ミシンやアイロンを広げる作業台にしたり。子どもの勉強机の代わりにだってなります。それぞれ別の家具を持つよりずっと省スペースになるはずです。

☑ 違うものを検討する

小さめの2人がけソファを買って、窮屈な思いをするくらいならソファは持たないという選択肢も。代わりに体をゆったり預けられる大型クッションを置いたほうがくつろげるかもしれません。センターテーブルの代わりに、小さいサイドテーブルがあれば十分ということも。「この場所には○○」と決めつけず、違うものにも目を向けることを忘れずに。

飾り方のはじめの一歩

〝飾る〟前に、まずすべきことあり！

インテリアをより楽しく、心躍るものにしてくれるのは、飾るものの存在。まずは飾る（見せる）もの、飾らない（見せない）ものを仕分けをするところからはじめます。

家具や、カーテンなどのファブリックを買うより手軽なせいか、雑貨などをちょこちょこ買って、部屋のディスプレイを楽しんでいる人は多いようです。でも、ちょっと待って。本人は飾っているつもりでも、違う視点から見たら、ただ部屋をごちゃごちゃ散らかって見せる存在である可能性も。〝飾る〟、〝ディスプレイ〟の前にまず〝見せるもの〟、〝見せないもの〟を明確にすることが大切です。つまり、見せないものは、ちゃんと片づけておくことが大前提。そう

棚の上を飾る

ただ漫然と並べるのではなく
飾るものの高さに注目！
それだけで、ものが際立ち、
インテリアがぐっと
おしゃれに見えてくるはずです。

☑ シンメトリーに

シンメトリーとは、左右対称であること。インテリアでは、あるものを中心に両サイドに同じものを配置してバランスをとったディスプレイや配置法を指します。規則正しいので安定した雰囲気が生まれます。クラシックなスタイルでは定番なので、冒険したくない場所におすすめです。

☑ あえて高さを揃える

横長の棚なら、高さを揃えて同じような素材感、雰囲気のものを飾るのもおすすめです。直線を意識して、飾るのがコツです。ギュウギュウにくっつける感じではなく、等間隔に少し間をとるようにするとよいでしょう。かろやかなリズム感はありつつも、安定した雰囲気の飾り棚になります。

☑ 大中小で三角形に

あえて、左右非対称に飾る方法もあります。シンメトリーに飾るよりも動きを感じさせることができ、堅いイメージにしたくないところにおすすめです。3つのものを飾ることを基本とし、大中小と高さ違いのもので、三角形をつくることを意識して飾るのがポイントです。

でなければ、飾ったものが映えないばかりか、見せたくないものと同列に見え、雑多なイメージを与えてしまう恐れがあります。

片づけが苦手な人は、〝飾る〟スペースは少なめにすることを意識しましょう。棚の一部だけなど、飾るスペースを限定して、ほかの場所、ほかのものはとにかく隠すところからはじめるのです。そうすることで飾っている部分が目立ち、ディスプレイの効果が高まります。

棚をおしゃれに飾るために重視すべきは、ぎゅうぎゅうに詰め込まないこと。飾るもののまわりに余白をつくることで、それぞれの魅力が際立ち、ディスプレイの意味が出てきます。素材感を統一したり、スタイルを揃えたりと、テーマを決めることも忘れずに。

また、日本の住まいではあまり壁を飾らないという傾向があるようです。あえてそこに〝間〟を求める考え方もありですが、余裕を持って飾るスペースを棚につくれない場合、壁に目を向けるのはいかがでしょうか？　壁を飾るといえば、絵画と考えがちですが、布、ポスターなど気軽なものでまずチャレンジ。たくさん飾るのは難易度が高いので、アイキャッチとなる部分にひとつ飾ることからはじめるのがよいでしょう。

見る視点に合わせて飾る場所を決めて。高さは気持ち低めのほうが落ち着きます。

☑ パッと目のいく場所に

壁にアイキャッチをつくる気持ちで場所を選びます。ドアを開けてリビングに入ったときや、ソファに座ったときの視線の先に飾ると、パッと目に留まるので、飾ったかいがあります。リビングはハードルが高いと感じるようなら、玄関を入った正面の壁や玄関収納の上などからスタートして。

☑ 絵でなくてもＯＫ！

絵画やアートで壁を飾ろうとすると、どうしてもハードルが高くなってしまいます。額装すれば、立派なアートに見えてくるので、ポスターや絵はがきなどで十分です。布をバーにかけて垂らしたり、油絵のキャンバスフレームに貼ったり（ファブリックパネルと呼ばれる）するのもおすすめです。

壁を飾る

壁に何も飾らず、白壁のまま
放置していてはもったいないもの。
部屋に自分らしさや
個性をプラスできる場所なので、
ぜひ、積極的に壁を活用してみましょう！

☑ 飾るものの色に注意

絵や写真を選ぶ場合、そのものの好き嫌いだけが基準になってしまいがちです。でも、しまっておいてときどき見るのではなく飾るのなら、インテリアとの相性をよく考えましょう。いちばん注意したいのは、色。色が部屋になじむのか、もしくはアクセントカラーと同じなのか？　その視点を忘れずに。

☑ 置くという手もあり

壁を飾らない理由に、壁に穴をあけたくない、一度あけたら動かせないから失敗が怖いという声があります。そんな人におすすめなのが、棚やキャビネットの上に、フレームを置いて飾るという方法。気軽なうえ、失敗を恐れる必要もありません。頻繁に取り替えて楽しみたい人にもおすすめです。

☑ フレームのテイスト

絵はがきや雑誌の切り抜きでも、額装すれば立派に見えるもの。だからこそフレーム選びはアートをつくる一環と考えて。モダンならシルバーや黒の細くてシンプルなフレーム、ナチュラルなら木の質感を感じるもの、アンティークスタイルに合わせるなら装飾性の高いものなどという視点で選びます。

色選びのはじめの一歩

色はインテリアを決める重要な要素

まったく同じデザインの家具やインテリアグッズだったとしても、色が違えば、受ける印象は全然違うので、イメージを明確化して。

色選びはインテリアにおいてとても大切な要素です。どんな色を選ぶかでインテリアの印象は大きく変わります。色がもたらす効果は計りしれません。その色を決めるためにまず行いたいのは自分が暮らす部屋のイメージを固め、明確化することです。

「明るくすっきりとした若々しいイメージにしたい」のか、「落ち着きや重厚感がある、大人の雰囲気にしたい」のか、この方向性によって取り入れるべき色はまったく異なります。前者なら明るい色（＝明度の高い色）、例えば白や白木系のナチュラル色を、後者なら暗い色（＝明度の低い）、例えば黒やこげ茶色系のダーク色をベースにしたほうがいいわけです。

また、部屋全体を穏やかでやさしい雰囲気にしたいならくすんだ薄い色（＝彩度の低い色）を、元気さやインパクトを求めるなら鮮やかで濃い色（＝彩度の高い色）を選ぶ必要があります。

自分が目指すべきイメージが分からないという人もいるでしょう。そんな人は次の方法を試してみて。この本やほかのインテリア雑誌を見て心惹かれるページを探します。スタイルうんぬんからいったん気持ちをはずし、そこに使われている色だけをピックアップしてみるのです。共通する色合いが見いだせたら、それはあなたがインテリアに求めている色のイメージ。そこを基準に考えはじめてはいかがでしょうか？

（写真提供：柏木工）

☑ 色の明度による違い

右のお宅はさわやかで若々しいイメージ。左のお宅は落ち着いたシックなイメージ。色の明るさ、暗さの度合い（明度）によって、雰囲気は大きく変わります。

☑ 色の彩度による違い

鮮やかな（彩度の高い）色の組み合わせは、部屋にインパクトを与えてくれ、くすんだ薄い（彩度の低い）色の組み合わせは部屋をやさしく見せてくれます。

すでに存在する制約部分に目を向けて

新しく買う家具、ファブリック、ラグなどで色合わせを考えていく人が多いはず。そのなかで好きな色のコーディネートをすればいいと思いがちですが、忘れてはいけないのが制約部分。そこにも目を向けたうえで、〝色〟を考えていきましょう。

床＆建具がナチュラル系の色の場合、かろやかで明るい色合わせがつくりやすい。

床＆建具がこげ茶色の場合。全体にシックに落ち着いた色合わせがつくりやすい。

建具（扉や戸）と床の色

忘れがちなのは、内装自体が持っている色。一言でフローリングの床といっても、白っぽいものから、黒に近いこげ茶色まで千差万別。さらに、ドアなど、建具の色も床と同じとは限らず、考慮すべき要素です。比較的白系が多い壁でさえも、白〜クリーム系まで幅が広いもの。面積が広い場所なので、これらの色を考慮せずに色計画をすると、ちぐはぐなインテリアが生まれる結果に。注意が必要です。

持っている家具の色

つい新しい家具やファブリックだけで色計画をしてしまいがち。もともと持っていた家具のことも忘れず、もとの家具が浮く存在になってしまうことがないよう考えましょう。もし、持っている家具と考えている色計画が合わない場合は、木製のものならペイントする、ファブリックのものなら張り替えやカバーリングするなどして、新たな色に合わせてリメイクするという方法もあります。

その部屋の持つ性格

部屋の用途や窓の向きによって、生まれてくる制約もあります。例えば北向きの部屋に寒色を合わせると、さらに寒々しくなってしまう恐れが。温かみのある色のほうがベターです。西向きの部屋なら長時間、オレンジ色がかった光が入ります。黄色や赤のカーテンは避けたほうが無難かもしれません。書斎なら気が散るような強い色は基本的に合いません。そんな部屋の持つ性格に着目することも忘れずに。

ほかにも注意したい、色のこと

ラグの色

ラグで色を足すときは毛足の長さにも注目して。シャギータイプは長い毛足によって陰影が生まれるので、思っているよりも色が暗く感じられます。

色の面積

同じ色でも面積が大きいものだと明るく鮮やかに、面積が小さいものだと暗くくすんで見える傾向があります。小さいサンプルで大きいものを選ぶときは、そのことを忘れずに。

反射する色

カーテンやブラインドは、閉めている状態のときに外から光があたると、部屋全体にその色が反射するので、そのことを考慮に入れて。とくに濃い色のときは注意が必要。

色は下を濃く

インテリアは上にいくに従って明るめの色を使う、つまり、下の方に濃い色を持ってくることで、部屋全体に安定感が生まれます。色づかいに迷ったら、その方向で。

視界に入る色の量

床に直接座る暮らしにラグで色を取り入れる場合は、床の色が視界に多く入るので、より色の影響を受けます。鮮やかな色（彩度の高い色）だと落ち着かない可能性も。

明かりの色

同じ色でも白熱灯の下では赤っぽく、蛍光灯では青みがかって見えます。実際に暮らす場所の光源の下で、確認してから色を決めるほうが失敗がありません。

色を限定して、色面積の大・中・小を決める

色を考えるときに何の指針もないと、どこから取り組んでいいかを迷うものです。
正解はもちろんひとつではありませんが、ここでは、色を面積で考える、分かりやすい手法をご紹介します。

ここでは、ベーシックカラーがオフホワイト（イラストなので白とベージュで表現）、アソートカラーがくすんだ（彩度の低い）オレンジ、アクセントカラーをこげ茶色にしています。

色選びを失敗しにくくするために、色を3つに限定し、それぞれの色の面積が大・中・小のバランスになるように考える方法があります。初心者にも分かりやすいので、色選びに迷いが生じるようなら、ぜひ試してみて。

まず、アソートカラーから考えます。中ボリュームになる色です。部屋のなかで印象をつけたい色、部屋の雰囲気をつくる色です。面積の大きいカーテンやラグ、ソファやダイニングテーブルなどにその色を取り入れ、全体の25%くらいになるようにします。

次にベーシックカラーです。アソートカラーの背景となって、アソートカラーを美しく映えさせるための色です。全体の70%と、大にあたるボリュームなので、床や壁など大きな面積に配分します。そういう大きい部分は変更がしにくいので、個性を抑えた色がおすすめ。明るいけれど、鮮やかではない色（高明度低彩度の色）を選ぶのが一般的です。

最後にアクセントカラーを。5%程度と小ボリュームですが、部屋全体を引き締めて、動きやインパクトをプラスする色です。目につきやすい小さいアイテム、クッションや絵、インテリア雑貨などに使うといいでしょう。

要望別おすすめ色合わせアイディア

色は部屋のイメージを大きく左右する重要な要素です。広く見せたり、片づいているように見せたりと、根本的な悩みを解決してくれることも。ここでは、4つの要望に合わせた色合わせをご紹介します。

☑ 狭い部屋を少しでも広く見せる色合わせ

決して恵まれているとはいえない日本の住宅事情。狭い住まいを悩みに思っている人は多いはず。部屋を広く見せたり、感じさせたりするには、大きな面積をとるカーテンや大型の収納家具を壁と同じ色にします。壁が分断されないので、視線がつながり、壁の面積が広がったように見えます。暗い色、鮮やかな色ではなく、オフホワイトやベージュあたりがよいでしょう。

（写真提供：ニチベイ）

☑ 失敗知らず、無難に平均点を狙う色合わせ

思い切った色を取り入れる勇気がない人におすすめなのが同じ色の濃淡で部屋を構成すること。木製の家具や建具の多くは茶系なので、そのグラデーションで考えてみて。写真は白〜ベージュ〜ナチュラル色〜茶へと流れています。個性的ではない分、多くの人が受け入れやすいカラー配分です。写真のように観葉植物でグリーンを足し、アクセントカラーにするのも一案。

（写真提供：タチカワブラインド）

☑ 明るくさわやかな印象になる色合わせ

明るく、さわやかなインテリアは一般的に好感度が高く、新婚さんや小さなお子さんのいる家庭にぴったり。家具や床はナチュラル系、壁は白というのが定番です。ナチュラルな色合いなので、若葉を意識するような黄緑色や、太陽をイメージさせる黄色などを合わせて。色を何色か使うときは色の明るさ（明度）、鮮やかさ（彩度）を同レベルにするとまとまります。

（写真提供：タチカワブラインド）

☑ すっきり、片づいているように見せる色合わせ

色数が多いと、視線があちこちへと動いて、部屋が散らかって見えます。まずは部屋にある色数を減らすことからはじめて。家具や雑貨はもちろん、派手な日用品のパッケージの色も忘れずに。見えないように隠すか、統一した容器に移し替えるだけで印象が大きく変わります。またアクセントカラーを散らさないようにまとめて配置することも効果があります。

（写真提供：ニチベイ）

 協力／タチカワブラインド（www.blind.co.jp）、ニチベイ（www.nichi-bei.co.jp）

「グリーンゲイブルス」の白いキッチン。ステンレスとの組み合わせでモダンな雰囲気です。キッチンツールは白、黒、ステンレスに限定。

ダイニングからキッチンが丸見えでも美しいのは、すみずみまでものを吟味しているから。椅子カバーはグレー。夏は白のものに交換します。

「グリーンゲイブルス」で最初に買った家具が、この食器棚。まだ10代のころだそうですが、今も好みは変わりません。

ときどきハードな印象のものを選んでいるので、空間がフェミニンになりません。スツールはフランスのトリックス社のもの。

色にこだわる

色を限定

CASE 1

松田さん宅

ストイックに色を限定することによって生まれる美空間

白、グレー、黒。この3色が松田さん宅のコンセプトカラー。ストイックに色を限定して、ひとつの世界観をつくり上げています。始まりは10代のころに買った真っ白な食器棚。そして、そのとき運命的な出合いをした白いキッチン。かれこれ15年ほど前の話です。いずれは、そんな白いキッチンのある空間に住みたいと思っていた松田さん。家づくりをするチャンスが訪れたとき、迷わず、その出合いのあった「グリーンゲイブルス」に、内装を依頼しました。

白の美しさを生かしたベース部分にプラスしたのは、グレーと黒。グレーは、松田さんにとって落ち着く色。そして、それだけだとのっぺり感じてしまうということで、アクセントカラーに黒を採用し、空間を引き締めました。

松田さんのすごいところは、家具やファブリックだけでなく、目に入るすべてのキッチンツールや雑貨、収納用品までとことん色にこだわったこと。おかげでどこを見ても、余計な色がありません。「置く場所も真剣に考えます。置いてみて、遠くから眺めたり写真を撮ったりして、バランスを見ます」。選ぶときも、置くときも細心の注意を払っているからこそ、この美しい空間ができ上がるのです。

リビングのソファは濃いめのグレー。
リビング側のほうが全体に明度を低くし、落ち着くトーンにしています。
こちらの空間では白がアクセントに。

ごみ箱は黒をセレクト。右側はシュレッダー付きのタイプ。用途に合ったデザインのいいものをとことん探します。

寝室に置いたスツールもグレー。「イケア」で購入したものを自分でペイントし、この家にぴったりなものにリメイクしました。

テレビのないリビングが理想だったので、テレビは隣接する和室へ。棚の回りの風景がすっきりと見え、雑貨類が映える空間になりました。

グレーのキャンドルスタンドをリビングの棚の上に。アクセサリーをちょっと置く場所としても重宝。

収納庫内部まで整っているのが松田さん宅のすごいところ。右）階段下の収納。同じものを揃えると収納が美しくなるという見本。収納に活躍するゴム製バケツ「タブトラッグス」も白を選んでいます。左）調味料や食材はパッケージから出して統一した保存容器に。

少し色を取り入れたい気持ちになってきたという松田さん。まずは、寝室からチャレンジ。ベースがしっかり白＆グレーのおかげで、少量でも色が映えます。

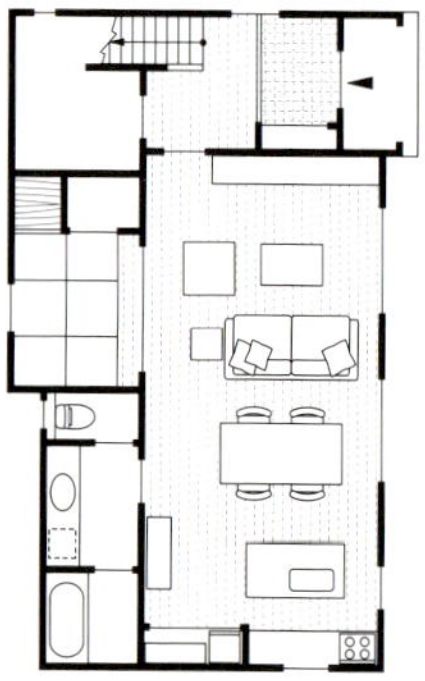

住まいのデータ

＊埼玉県在住
＊夫婦２人＋猫１匹＋犬１匹
＊３LDK（一戸建て）
＊築12年

松田ひよりさん
「自分のうちがすごく好き」と家を建てて12年が経過しても、日々感じているそう。そんな暮らしをつづったブログ（plaza.rakuten.co.jp/hiyorigoto/）も人気です。

右）ふだんは扉のなかで丸見えにならない冷蔵庫。カラフルなマグネットを貼って、色への欲求を発散。上）寝室に置いた、はずした腕時計などを入れる小物入れにも彩度の高い色を採用。松田さんの手づくりです。

こだわりもここに極まれり!

水栓金具までも真っ白のものをセレクトしています。ちょっとレトロなデザインで、お気に入りなのだそう。残念ながら廃番のもの。

タオルもすべて真っ白

洗面所の壁に取り付けた棚は、サニタリーに入ると真っ先に目に飛び込んでくる場所。すべて真っ白を選んでおけば、タオルを重ねておいても美しい!

清潔感あふれるサニタリー

「グリーンゲイブルス」のデザインによる洗面所。グレーのモザイクタイルと白が基調になった落ち着く場所。カーテンの向こうがお風呂。

松田さんが白にこだわったアイテムは まだまだいっぱい!

白い鍋、白い器

丸見えになるカウンターの棚だから、ここに置くものも白がほとんど。「ル・クルーゼ」の鍋ももちろん白。ぶれない姿勢が見事です。

廊下のコーナーにも

2階の廊下に置いたボックス型の小家具。白を選び、白いキャンドルを飾っています。ちょっとした空間がゆとりを生みます。

雑誌や書類はどこに?

リビングの棚の下段に白いファイルボックスをずらり。このなかに雑誌や書類を収納。同じものを揃えるだけですっきり見えます。

キッチンの椅子のマスタード色を取り、同系色の壁色に。のみの市で購入した天井照明とスタンドライトは、偶然ながら同じ色みです。

光沢のある壁紙の壁に、同系色の本棚を造り付け。以前凝っていた毛皮の家具とのミスマッチが、インテリアに奥行きを加えます。

キッチンの奥にあるリビングは、ソファコーナーとベンチコーナーに分かれています。1面だけ塗った壁がコーナーの住み分けを表現。

最近は自然な素材に惹かれるというマリーさん。麻のカーテンはレースのように日を通すのでお気に入り。黄色い椅子にも似合います。

色にこだわる

多色づかい

CASE 2

Marieさん宅

テーマ色を決めて発展させ、各部屋の雰囲気を演出

インテリアコーディネーターのマリーさんが古い時代のアパルトマンを購入したのは6年前。なかなかくせのある物件で、中庭に面した窓からは直射日光が入りにくく、間取りは各部屋が一列につながったユニークなものでした。しかしプロの本領発揮。全面的にリフォームしてから入居しました。

まず明るさを最大限に取り入れるために、天井や柱、窓側の壁はすべて白に塗り替え。そして光をさえぎるドアや壁は極力つけず、代わりに各部屋の色づかいでコーナーを区切ることにしました。

「色は住まいに彩りを添えてくれるので、積極的に取り入れるようにしています。気に入った食器なりオブジェなりから色を取り、インテリアに使うとうまくいきますよ」と、マリーさん。ヴィンテージの椅子のマスタード色からキッチンの棚の扉の色が決まり、その色がやや草色を帯びてリビングの壁になる、といった具合です。

「とても好きで大事にしているものは、無自覚でも必ず好きな色をしているもの。その色は別の場面でも必ず選ぶはずですし、また飽きてしまうこともない。好きなものから色を取ることで住まいにはおのずと調和が生まれ、色づかいがより楽しくなるのです」

玄関を入るとまずキッチン。マスタード色の椅子との出合いが、現在のインテリアを決定づけました。黄色と相性のいいグレーや紫を合わせ、個性をさらに強めます。

2階への階段は壁をグレーに塗り、家族の写真を飾る場所に。暗い場所をあえて暗くしてモノクロ写真や黒い額で飾り、落ち着きあるムードを演出しています。

三女の部屋のベンチとクッションはピンク色。これも紫と同系色です。柄物と無地を合わせるのがポイント。

次女の部屋にも紫が。マリーさんの影響でこの色を好むようになったのだそう。壁、椅子、ランプに紫のグラデーションが入り、グレーの壁が全体を中和します。

Marie Thévenin　マリー・テヴナンさん
インテリアコーディネーター。個人宅やレストラン等のインテリアのアドバイスやアレンジを手がけています。シャンブル・ドット（民宿）の経営も。www.lestudio22.com

住まいのデータ

＊フランス・パリ在住
＊夫婦と16歳、14歳、９歳の娘の５人暮らし
＊５LDK
＊17世紀の建築

夫婦の寝室はマリーさんの大好きな世界。シャンデリアやデコラティブな鏡でフェミニンなムード満載です。サテンのベッドカバーも重厚感をアップ。

9歳の三女の部屋は、カーテンやクッション、家具などに暖色を使っています。それでも天井は白、壁やベッドはグレーにして、シックな要素をプラス。

長女の部屋は白がベース。デスクまわりもすべて白で、ピンクのベッドカバーがアクセントです。白とピンクでも甘すぎないのは、メインの照明が黒だから。

次女の部屋はグレーを基調に紫色が差し色です。ほかの部屋ではフェミニンな紫もここでは違う印象で、やや辛口に見えます。

「？」の用語集

あたりまえのように出てくるインテリア用語。意味がよく分からない！ と思っている人も多いのでは？
家具を買うとき、インテリアを考えるときに知っておきたい基本的な言葉を集めました。

木製家具の素材について

［ 無垢材 ］

［ 集成材 ］

［無垢材］という場合、木を切り出しただけの１枚の板、ついでいない板を指すのが基本です。一方、［集成材］は木の節や穴などを避けてブロック状に切り出したものを、接着剤などを使ってついでいる材のこと。どちらも中まで“本物”の木を使っているので、質感が感じられ、使い込むことによって味が出る材です。まるごと天然木ではあるという誤解からか、最近では集成材でつくられた家具やフローリングまで無垢と呼んでしまう傾向も出てきています。

これは縦方向、横方向の両方に木をついでつくられている集成材。

［ プライウッド ］

［ 積層合板 ］

［ 成形合板 ］

［ 合板 ］

［ ベニア ］

［プライウッド］＝［積層合板］は、丸太を回して薄くスライスしたものを接着した材のこと。木材の狂いなどが減り、強度のある板ができます。その板のなかで、圧力をかけて曲げる加工を施したものを、とくに［成形合板］と呼びます。本来［合板］は積層合板のことを指したのですが、最近では無垢ではない材全般を指す言葉として、合板と呼ぶことが多いので、区別するためにあえて積層合板と呼ぶことが多くなってきました。ちなみに、丸太からスライスした接着する前の薄い１枚の材が［ベニア］です。

丸太をかつらむきのイメージでスライス。それを重ねて接着して合板をつくります。

［ 天然木化粧合板 ］

［ プリント紙化粧合板 ］

［ プリント合板 ］

天然木を薄くスライスしたシート（突き板）を表面部分に貼った材を［天然木化粧合板］といいます。この材を使っている家具は美しい木目を楽しむことができ、経年による味わいも生まれます。一方、［プリント紙化粧合板］は、木目を印刷した紙のシートを貼ったもの。樹脂に印刷したシートもあるので、単に［プリント合板］と呼ぶことも。当然、木がもたらす味わいは生まれません。集成材や合板の上に仕上げ材として貼るだけでなく、木でつくった枠に薄板を貼ってつくるパネルや木くずを固めたパーティクルボードに貼って仕上げてあることもあります。構造は外から見ただけでは分からないので、確認が必要です。

木の枠でつくったパネルに、突き板やプリント紙を貼ってつくられる家具もあります。

取材協力先リスト

灯屋《あかりや》 可ナル舎《かなるしゃ》
www.kanarusha.com

明治から大正のころの和だんすを多数扱う東京・府中にある店。2フロアにわたるショールームには100点以上の在庫が常時展示され、修理工房も併設。オンラインショップもあり。

ビームス「fennica《フエニカ》」
blog.beams.co.jp/fennica

人気のセレクトショップであるビームスによるライフスタイルレーベル。「デザインとクラフトの橋渡し」がコンセプトで、北欧デザイン×民芸など独自の視点で商品を展開。

フリッツ・ハンセン
www.fritzhansen.com

デンマークを代表する家具メーカー。アルネ・ヤコブセンのデザインによるセブンチェア、アリンコチェア、エッグチェアなど有名な家具を多数つくり続けています。

ヤマギワ東京ショールーム
www.yamagiwa.co.jp

アルヴァ・アアルトのデザインによる家具が揃うアルテック社の製品や、北欧をはじめとするモダンデザインにぴったりの照明など、豊富な品ぞろえ。ウェブショップも充実しています。

リノキューブ
reno-cube.jp

名古屋にある、マンションを得意とするリノベーション会社。空間を一から再構築し、まったく新しいスタイルの空間を生み出し、暮らし自体を大きく変えてくれます。

＊掲載されているお宅は個人宅で、写っているものはすべて私物です。本人がどこで入手したかを記したものでも、現在入手できない可能性はあります。ショップの商品でも同じ商品がない場合もあります。ご了承ください。

新品ではない家具について

［アンティーク］
［ユーズド］
［中古］
［ヴィンテージ］

新品ではない家具に対して、使われる言葉がいろいろ混在し、分かりにくくなっています。じつは、はっきりした定義がない状態です。本来、［アンティーク］はつくられてから100年以上たつような骨董的な価値のあるものに対して使う言葉です。とはいえ、そんなに古いものではなくても、当時のスタイルを再現している新品ではないものが、アンティークとして流通する傾向があります。

アンティークではないけれど、［ユーズド］や［中古］という言葉が持つマイナスイメージを避けるために、最近よく使われるのが、［ヴィンテージ］という言葉。年を経たことによって生まれる味わいやつくられた当時のデザインにプラスのイメージを持つ人の気持ちが表れた言葉と言えるかもしれません。1950年前後につくられた家具で、それ以前の家具とは一線を画するデザインのものが、とくにそう呼ばれる傾向があります。

アンティーク、中古、ユーズドというよりヴィンテージという言葉が似合う家具。

家具の塗装について

木製の家具は、樹種や材の種類だけでなく、仕上げの塗装によってもイメージがかなり異なります。［ウレタン塗装］はもっとも一般的な塗装で、木の表面に薄くて堅い膜をつくる仕上げです。傷や汚れがつきにくく、比較的熱や水に強いのが長所です。感触はつるつるとしており、光沢もあります。［ラッカー塗装］も膜をつくる塗装ですが、ウレタン塗装に比べると膜が薄いため、傷には弱くなります。

一方、［オイルフィニッシュ］、［ワックスフィニッシュ］、［ソープフィニッシュ］は、膜をつくるのではなく、オイルやワックスを塗ったり、ソープ（石けん）水に浸けたりして木の表面を保護する仕上げです。膜をつくらないので木の呼吸を妨げず、木の表情や質感を自然に近い状態で伝えてくれるのが長所です。その分、傷や汚れには弱くなります。

北欧の家具の仕上げで多く見つかるソープフィニッシュ。木肌そのものの質感を触って楽しめます。

［ウレタン塗装］
［ラッカー塗装］
［オイルフィニッシュ］
［ワックスフィニッシュ］
［ソープフィニッシュ］

家具のサイズについて

［幅］
［奥行き］
［高さ］
［座面高］

家具のサイズは幅×奥行き×高さの順に表示されることが多いようです。幅は家具を正面から見たときの横の長さ、奥行きは手前から奥への長さになります。高さはいちばん下からその家具のいちばん高い部分までの長さです。椅子やソファなどは下から座面の上までの長さ(座面高)を表示しています。

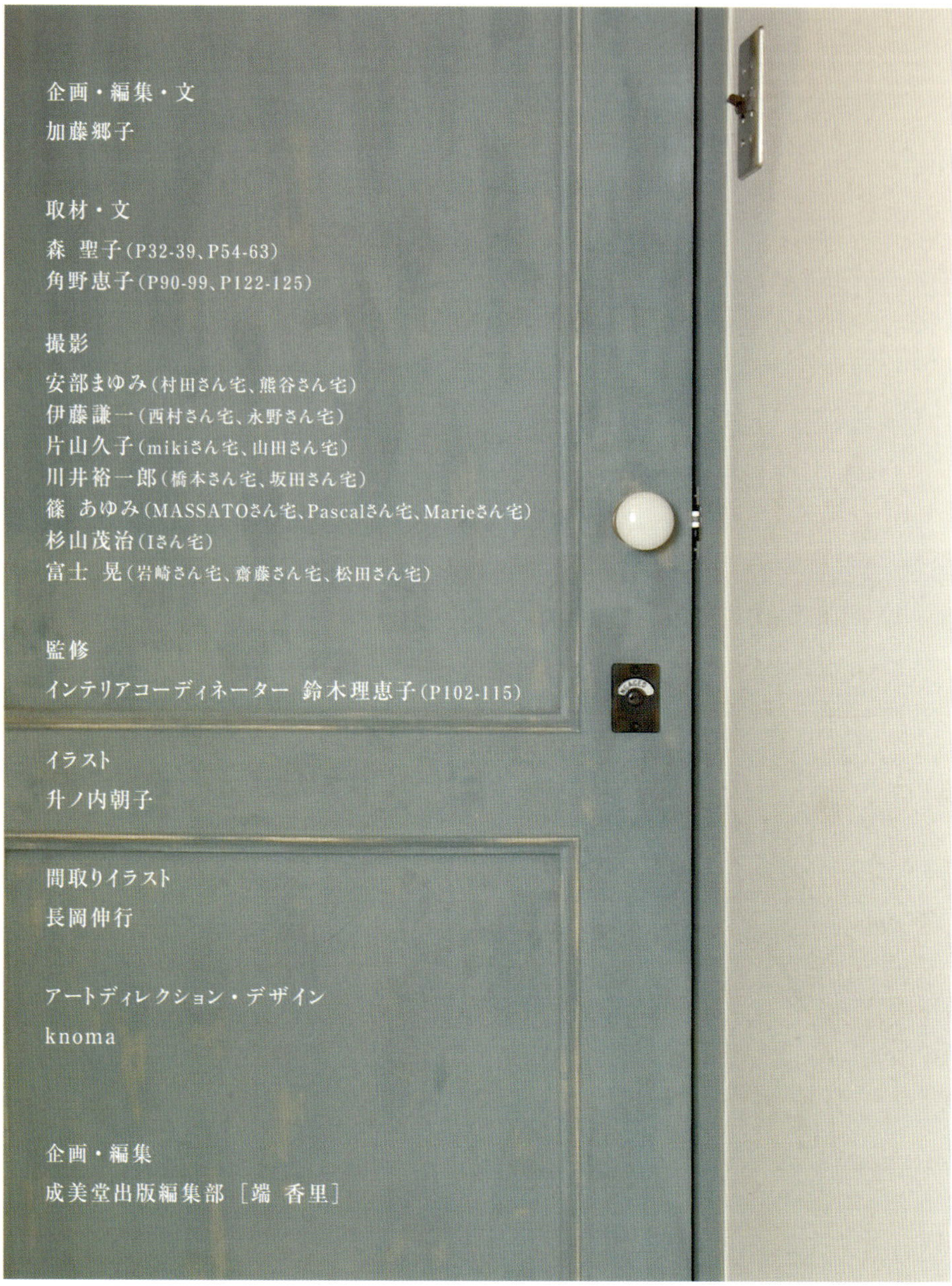

企画・編集・文
加藤郷子

取材・文
森 聖子(P32-39、P54-63)
角野恵子(P90-99、P122-125)

撮影
安部まゆみ(村田さん宅、熊谷さん宅)
伊藤謙一(西村さん宅、永野さん宅)
片山久子(mikiさん宅、山田さん宅)
川井裕一郎(橋本さん宅、坂田さん宅)
篠 あゆみ(MASSATOさん宅、Pascalさん宅、Marieさん宅)
杉山茂治(Iさん宅)
富士 晃(岩崎さん宅、齋藤さん宅、松田さん宅)

監修
インテリアコーディネーター 鈴木理恵子(P102-115)

イラスト
升ノ内朝子

間取りイラスト
長岡伸行

アートディレクション・デザイン
knoma

企画・編集
成美堂出版編集部[端 香里]

センスがいいとほめられる インテリアのルール

編 者 成美堂出版編集部

発行者 風早健史

発行所 成美堂出版
〒162-8445 東京都新宿区新小川町1-7
電話(03)5206-8151 FAX(03)5206-8159

印 刷 共同印刷株式会社

ISBN978-4-415-31157-9
落丁・乱丁などの不良本はお取り替えします
定価はカバーに表示してあります